LÉGISLATION

DE LA PROPRIÉTÉ

LITTÉRAIRE ET ARTISTIQUE

SUIVIE

D'UN RÉSUMÉ DU DROIT INTERNATIONAL FRANÇAIS
ET DE LA LÉGISLATION DES PAYS ÉTRANGERS

PAR

JULES DELALAIN

IMPRIMEUR DE L'UNIVERSITÉ

CHEVALIER DE L'ORDRE IMPÉRIAL DE LA LÉGION D'HONNEUR, OFFICIER D'ACADÉMIE

ANCIEN PRÉSIDENT DU CERCLE DE LA LIBRAIRIE, DE L'IMPRIMERIE ET DE LA PAPETERIE

ANCIEN ADJOINT AU MAIRE DES CINQUIÈME ET SIXIÈME ARRONDISSEMENTS.

PARIS

TYPOGRAPHIE ET LIBRAIRIE DELALAIN

RUE DES ÉCOLES, VIS-A-VIS DE LA SORBONNE.

Janvier 1862.

PROPRIÉTÉ

LITTÉRAIRE ET ARTISTIQUE.

LÉGISLATION

DE LA PROPRIÉTÉ

LITTÉRAIRE ET ARTISTIQUE

SUIVIE

D'UN RÉSUMÉ DU DROIT INTERNATIONAL FRANÇAIS

ET DE LA LÉGISLATION DES PAYS ÉTRANGERS

PAR

JULES DELALAIN

IMPRIMEUR DE L'UNIVERSITÉ

CHEVALIER DE L'ORDRE IMPÉRIAL DE LA LÉGION D'HONNEUR, OFFICIER D'ACADÉMIE

ANCIEN PRÉSIDENT DU CERCLE DE LA LIBRAIRIE, DE L'IMPRIMERIE ET DE LA PAPETERIE

ANCIEN ADJOINT AU MAIRE DES CINQUIÈME ET SIXIÈME ARRONDISSEMENTS.

PARIS

TYPOGRAPHIE ET LIBRAIRIE DELALAIN

RUE DES ÉCOLES, VIS-A-VIS DE LA SORBONNE.

Janvier 1862.

Le *Moniteur* du 1er janvier nous a apporté une bonne
nouvelle. Un décret impérial vient d'instituer une commission, à l'effet de préparer un projet de loi pour réglementer
la propriété littéraire et artistique, et coordonner dans un
code unique la législation spéciale. Cette commission, prési-
dée par trois ministres, est composée des représentants les
plus éminents des grands corps de l'État, de l'Institut, des
lettres et des sciences. La librairie, qui, par son industrie et
son activité, contribue si efficacement à augmenter la valeur
de la propriété littéraire, y est représentée par notre excellent
maître et doyen, M. Ambroise Firmin Didot.

La nomination de cette commission et la prochaine présentation d'un projet de loi viennent donner un intérêt d'actualité
à l'importante question de la propriété littéraire et artistique
agitée depuis si longtemps. Aussi avons-nous pensé faire une
publication utile, en résumant nos précédents travaux sur la
matière et en réunissant en un volume la législation actuelle
de la propriété littéraire et artistique, disséminée dans tant

de lois et d'actes divers. **Nous avons** accompagné le texte officiel de notes qui le complètent au moyen de la jurisprudence
et qui sont une indication générale de diverses questions devant trouver place dans le prochain projet de loi. Nous y avons
joint des résumés analytiques de la situation de notre droit
international et de l'état actuel de la propriété littéraire et artistique dans les pays étrangers. Enfin, nous avons terminé
par la reproduction de plusieurs documents utiles à consulter :
le projet de loi adopté par la Chambre des Pairs en 1839, celui
rejeté par la Chambre des Députés en 1841, les résolutions du
congrès de Bruxelles, le projet de loi présenté récemment à
la Chambre des Représentants belges dans le sens des résolutions du congrès.

Qu'il nous soit permis, avec l'expérience pratique que nous
avons acquise par nos travaux et nos études, d'émettre quelques idées générales sur deux ou trois questions principales.

I.

Une loi sur les droits de propriété littéraire et artistique,
qui accordera aux étrangers, pour leurs œuvres publiées hors
de France, des droits égaux à ceux de nos auteurs nationaux,
et qui devra tendre à l'adoption de la réciprocité par les
nations étrangères, ne peut être une loi ordinaire, comme
celles faites uniquement pour des nationaux. Elle doit être
une sorte de loi universelle, empreinte autant que possible de
l'esprit général des législations étrangères, et s'harmonisant
dans une certaine mesure avec leurs principales dispositions,
afin de faciliter les conventions internationales destinées à

faire reconnaître les droits de nos auteurs et artistes. Le congrès de Bruxelles a été vivement pénétré de l'importance de cette question, et il a exprimé le vœu que tous les pays adoptassent une législation reposant sur des bases uniformes.

II.

Il existe dans la propriété littéraire deux natures distinctes de propriété, qu'on confond trop facilement, et qu'il importe de distinguer parfaitement, parce que cette distinction peut contribuer à amener la solution des questions en litige.

Il y a d'abord la propriété, née avec l'œuvre même, que nous appellerons intellectuelle, qui, de fait, est perpétuelle, et en vertu de laquelle l'auteur est propriétaire absolu de son œuvre, personne n'ayant le droit de l'en dépouiller en se l'appropriant, en y mettant un autre nom, ou même en la dénaturant. Protégée par les termes généraux de nos codes, cette propriété naturelle donne à perpétuité aux représentants de l'auteur le droit d'en réclamer le respect.

Il y a en second lieu la propriété, issue de la protection de la loi, que nous appellerons matérielle, qui a été limitée dans sa durée, et en vertu de laquelle l'auteur, déjà possesseur de son œuvre, est reconnu avoir seul le droit d'en autoriser la reproduction et la représentation, afin d'en tirer une juste et légitime rétribution. Ce droit matériel, inconnu avant l'invention de l'imprimerie, s'établit et se produisit graduellement, sous forme de privilége, suivant le bon plaisir des souverains. Les premiers priviléges connus remontent au seizième siècle : leur durée ne fut d'abord que de deux, quatre et six années ; elle fut étendue successivement à la vie de l'auteur et renouvelée souvent au profit de ses descendants. Depuis un demi-siècle seulement ce droit spécial a été consacré et protégé par des lois particulières en France et dans les divers pays du monde. Une sorte d'entente tacite de tous les législateurs en a fait partout un droit limité dans sa durée.

Notre législation actuelle et la plupart des lois étrangères reconnaissent pleinement ces deux natures de propriété à l'auteur pendant sa vie. La question n'est donc en litige qu'à l'égard de la veuve, des enfants et des représentants de l'auteur, et seulement au sujet de la propriété matérielle. Ce sera la grande difficulté à résoudre dans le nouveau projet de loi, devant la nécessité de concilier tout à la fois les droits sacrés de la famille et les intérêts légitimes des lettres et des sciences.

III.

Nous n'aborderons pas la question de perpétuité du droit exclusif de reproduction et de représentation au profit des représentants de l'auteur. Elle a été traitée d'une manière fort remarquable au congrès de Bruxelles, qui n'a pas cru le moment opportun pour l'admettre. Quelque juste que puisse paraître ce principe de la perpétuité, c'est une question sur l'ajournement de laquelle on semble généralement d'accord, en présence des difficultés de son application et de l'incertitude de ses résultats. Aussi, nous bornant à rechercher quelles devraient être la base et la durée du droit exclusif de reproduction et de représentation au profit des descendants de l'auteur, nous dirons que le vrai terme de conciliation entre les diverses opinions serait, à notre avis, d'admettre *la durée de ce droit pendant la vie de l'auteur, de la veuve et des enfants, sans que cette durée soit moindre de quatre-vingt-dix-neuf ans,* c'est-à-dire que si l'auteur, la veuve et leurs enfants viennent à décéder avant quatre-vingt-dix-neuf ans de la première publication de chaque œuvre, le droit continuerait de subsister jusqu'au terme de cette période. C'est le système de la loi anglaise, qui n'accorde que sept ans après la mort de l'auteur, mais avec un minimum de jouissance de quarante-deux ans, à partir de la première publication. Cette fixation d'un minimum de jouissance, en dehors des éventualités de mariage, de naissance d'enfants et de mortalité, serait très-importante pour les intérêts de l'auteur, et elle aurait d'heureux résultats dans la pratique. La certitude d'un nombre fixe d'années permettrait à l'auteur de tirer meilleur parti de ses travaux. Le droit de ses descendants, assuré pour une longue période de temps, ne s'éteindrait que graduellement, puisqu'il cesserait séparément pour chaque œuvre à des époques différentes, suivant la date de leur publication. Enfin chaque œuvre obtiendrait ainsi un égal temps de jouissance.

Nous ajouterons que, si nous ne craignions que notre opinion fût mal interprétée par les auteurs et le public souvent peu familiarisés avec ces questions, nous demanderions que la durée de la propriété littéraire et artistique fût établie sur une base uniforme et unique, celle d'un nombre fixe et déterminé d'années à partir de la première publication ou représentation. Le mécanisme de la loi en serait infiniment plus simple, et l'intérêt de l'auteur tout aussi sauvegardé. C'est le système qui tend à prédominer dans les législations étrangères. Il est adopté, dans la plupart des pays, pour le droit de représentation des œuvres dramatiques, et pour les œuvres posthumes, anonymes et pseudonymes. Il sert déjà de base unique, dans

plusieurs législations, pour la durée du droit exclusif de reproduction et de représentation. Il a été également admis par
le congrès de Bruxelles pour la reproduction et la représentation des œuvres posthumes et anonymes. Ce système fort
simple a de plus l'avantage de pouvoir s'appliquer à tous les
genres d'œuvres : aux œuvres publiées du vivant de l'auteur,
comme aux œuvres posthumes, aux œuvres anonymes comme
aux œuvres pseudonymes.

IV.

Quel que soit le système adopté pour la base et la durée du
droit de propriété littéraire et artistique, il semblerait sage de
spécifier dans un article spécial qu'une prolongation du droit
de propriété pourra être accordée, dans des cas exceptionnels,
aux représentants des auteurs et artistes, auxquels elle pourrait profiter. Une telle disposition existe pour les brevets d'invention en vertu de la loi de 1844; plusieurs législations
étrangères en font également mention.

Il est encore une autre question qui a bien aussi son importance au point de vue de l'intérêt public, c'est celle de veiller
à ce qu'après la mort de l'auteur ses œuvres ne risquent pas
de manquer dans le commerce, par suite de désaccord ou de
négligence de la part de ses représentants. A cet effet il semblerait nécessaire, comme l'ont fait la loi anglaise et la loi
danoise, d'intercaler dans le projet de loi un article prévoyant
cette situation, si elle devait se prolonger pendant plusieurs
années. D'après la loi anglaise, le conseil privé de la reine peut
autoriser la réimpression d'un ouvrage que le représentant de
l'auteur a refusé de publier de nouveau après l'épuisement

de la précédente édition. La loi danoise est allée encore plus loin : elle autorise sans formalités la réimpression de tout livre épuisé depuis cinq ans.

En terminant ces quelques mots, nous ne saurions trop recommander aux personnes qui veulent étudier sérieusement ces questions, l'excellent compte rendu du congrès de Bruxelles par M. Édouard Romberg, auquel l'honorable secrétaire général du congrès a joint un choix de documents curieux et intéressants.

LÉGISLATION

DE LA PROPRIÉTÉ

LITTÉRAIRE ET ARTISTIQUE.

La législation de la propriété littéraire et artistique comprend, en France, deux droits distincts : 1° le droit de reproduction des œuvres littéraires, des compositions musicales et des objets d'art ; 2° le droit de représentation et d'exécution des œuvres dramatiques et des compositions musicales. La nature et l'étendue de ces droits sont définies par plusieurs lois et règlements et par diverses dispositions des codes français. Cette législation est également applicable à l'Algérie et aux colonies françaises.

I.

Droit de reproduction des œuvres littéraires, des compositions musicales et des objets d'art.

Les auteurs d'écrits en tout genre et de compositions musicales jouissent, pendant leur vie, du droit exclusif de vendre, faire vendre et distribuer leurs ouvrages et d'en céder la propriété en tout ou en partie. (Loi du 19 juillet 1793.)

La veuve qui est mariée sous le régime de la communauté, ou à qui ses conventions matrimoniales en donnent explicitement le droit, jouit du même avantage pendant sa vie. (Loi du 8 avril 1854 ; décret-loi du 5 février 1810 ; arrêt de la cour impériale de Paris, 8 avril 1854.)

Les enfants jouissent du même avantage pendant trente années, après la mort de l'auteur et l'extinction des droits de la veuve. (Loi du 8 avril 1854.)

Si l'auteur n'a pas laissé d'enfants, les autres héritiers ne jouissent de cet avantage que pendant dix ans. (Loi du 19 juillet 1793.)

Cette période de trente ans ou de dix ans commence, soit à la mort de la veuve, si elle a eu droit à la jouissance viagère, soit à la mort de l'auteur, si elle n'y a pas eu droit. (Loi du 8 avril 1854.)

Les auteurs peuvent jouir et disposer de leurs droits de propriété de la manière la plus absolue; ils sont libres de les céder à des tiers, en tout ou en partie, pour tout le temps que la loi garantit ou garantira ces droits : la durée de la propriété n'en continue pas moins de reposer sur la tête de l'auteur, de sa veuve et de ses enfants ou héritiers. (Code Napoléon, article 544; lois des 19 juillet 1793 et 8 avril 1854.)

Le droit absolu de propriété des auteurs ne permet pas que des traductions littérales en un autre idiome que celui de l'édition originale puissent être faites sans leur autorisation ou celle de leurs ayants droit [1]. (Code Napoléon, article 544; arrêt de la cour de cassation, 12 janvier 1853.)

Les propriétaires d'ouvrages posthumes ont les mêmes droits que les auteurs, et les dispositions des lois sur la propriété exclusive des auteurs et sur sa durée leur sont applicables, à condition toutefois d'imprimer séparément ces œuvres posthumes. (Décret-loi du 1er germinal an xiii.)

Les auteurs étrangers jouissent en France, pour leurs ouvrages publiés à l'étranger, des mêmes avantages que les auteurs d'œuvres publiées originairement en France. (Décret-loi du 28 mars 1852 ; code pénal, art. 425.)

1. Une observation générale doit être faite au sujet des traductions. Il faut distinguer si les traductions sont faites sur une œuvre de propriété privée ou sur une œuvre du domaine public. Dans le premier cas, la traduction ne peut être faite que du consentement de l'auteur de l'œuvre originale ou de ses ayants droit, quel que soit l'idiome dans lequel cette œuvre a été écrite ; dans le second cas, elle peut être faite librement par tous. Dans les deux cas, chaque nouvelle traduction, autorisée par l'auteur ou permise par la loi, devient pour l'auteur de cette traduction une propriété privée, qu'on ne peut reproduire ou imiter sans commettre le délit de contrefaçon.

Les auteurs français et étrangers des ouvrages publiés originairement en France peuvent seuls jouir, en pays étrangers, du bénéfice des conventions internationales [1]. (Conventions internationales.)

Pour être admis en justice à poursuivre les contrefaçons, les auteurs français et étrangers, ou leurs ayants cause, doivent avoir effectué le dépôt de deux exemplaires de leurs ouvrages au ministère de l'intérieur, à Paris, ou au chef-lieu de préfecture dans les départements : sont dispensés de cette formalité, pour les publications faites en pays étrangers, les auteurs des États avec lesquels ont été signées des conventions qui ne prescrivent pas l'obligation d'un dépôt. (Loi du 19 juillet 1793 ; décret-loi du 28 mars 1852 ; conventions internationales.)

Ces diverses dispositions sont également applicables aux œuvres artistiques, aux planches gravées, aux lithographies, aux photographies, aux dessins et peintures à la main, aux sculptures, aux productions du génie qui appartiennent aux beaux-arts. (Lois des 19 juillet 1793 et 8 avril 1854 ; décrets-lois des 1er germinal an XIII et 5 février 1810.)

L'obligation du dépôt n'existe que pour les œuvres artistiques reproduites par la gravure, la lithographie, la photographie, etc. ; trois épreuves de chaque planche doivent être déposées : les dessins et tableaux et les œuvres d'art et de sculpture sont naturellement exempts de cette formalité. (Loi du 19 juillet 1793 ; ordonnance du 9 janvier 1828 ; arrêt de la cour d'appel de Douai, 3 juin 1850.)

---

1. Une distinction importante doit être établie au sujet des conventions internationales en ce qui concerne les auteurs étrangers, selon que leurs œuvres ont été ou non publiées originairement en France. Tout étranger dont l'œuvre a été publiée originairement en France a droit non-seulement à la reconnaissance de sa propriété en France, mais encore au bénéfice des conventions internationales. Tout étranger dont l'œuvre a été publiée originairement en pays étrangers n'a droit qu'en France à la reconnaissance de sa propriété ; il ne profite pas du bénéfice des conventions internationales.

II.

Droit de représentation et d'exécution des œuvres dramatiques et des compositions musicales.

Les auteurs d'œuvres dramatiques et de compositions musicales, et leurs veuves, enfants ou héritiers, jouissent, pour la représentation et l'exécution de leurs œuvres, des mêmes droits de propriété que ceux reconnus pour la reproduction de ces œuvres. (Lois des 13 janvier et 19 juillet 1791, 19 juillet et 1ᵉʳ septembre 1793, 3 août 1844 et 8 avril 1854 ; décrets-lois des 8 juin 1806 et 5 février 1810.)

Aucune représentation et exécution totale ou partielle d'œuvres dramatiques et de compositions musicales ne peut avoir lieu que du consentement formel et par écrit des auteurs. (Loi du 13 janvier 1791 ; arrêt de la cour impériale de Paris, 11 avril 1853.)

Les auteurs français et étrangers d'œuvres dramatiques et de compositions musicales représentées et exécutées originairement en France peuvent seuls jouir, en pays étrangers, du bénéfice des conventions internationales. (Conventions internationales.)

Les auteurs d'œuvres dramatiques et de compositions musicales représentées et exécutées originairement en pays étrangers ne peuvent prétendre, en France, au droit exclusif de représentation et d'exécution qu'autant que ce droit leur est reconnu par des conventions internationales. (Arrêt de la cour de cassation, 14 décembre 1857.)

L'obligation du dépôt prescrit aux auteurs dramatiques et aux compositeurs de musique, qui veulent s'assurer le droit exclusif de reproduire leurs œuvres, n'existe pas pour le droit de représentation et d'exécution. (Loi du 13 janvier 1791 ; arrêt de la cour d'appel de Lyon, 7 janvier 1852.)

LÉGISLATION FRANÇAISE.

1.

Loi du 13 janvier 1791, relative aux théâtres et au droit de représentation
et d'exécution des œuvres dramatiques et musicales [1].

(Extrait.)

Art. 2. Les ouvrages des auteurs morts depuis cinq ans et
plus sont une propriété publique, et peuvent, nonobstant tous
anciens priviléges qui sont abolis, être représentés sur tous
les théâtres indistinctement [2].

Art. 3. Les ouvrages des auteurs vivants ne pourront être
représentés sur aucun théâtre public, dans toute l'étendue
de la France, sans le consentement formel et par écrit des
auteurs [3], sous peine de confiscation du produit total des représentations au profit des auteurs [4].

Art. 4. La disposition de l'article 3 s'applique aux ouvrages déjà représentés, quels que soient les anciens règle-

1. Les dispositions relatives à la représentation des œuvres dramatiques
sont également applicables à l'exécution des compositions musicales.

2. Cette disposition transitoire a été modifiée par les lois des 19 juillet
1793 (p. 7), 1er septembre 1793 (p. 10), 3 août 1844 (p. 30) et 8 avril
1854 (p. 36).

3. L'exécution même partielle d'une œuvre dramatique, littéraire ou musicale, ne peut être faite en public et dans un but de spéculation sans le consentement des auteurs ou de leurs ayants droit (arrêts de la cour impériale
de Paris, 6 janvier 1853 et 12 juillet 1855).

Il n'est pas plus permis de s'approprier les motifs d'un air et de les
arranger pour piano ou tout autre instrument, que de traduire une œuvre
originale sans le consentement de l'auteur : les deux questions ont plus d'un
point d'analogie (voir la note 2 de la page 7).

4. L'obligation du dépôt prescrit par l'article 6 de la loi du 19 juillet 1793
(p. 9) pour la jouissance du droit de reproduction des œuvres dramatiques
et des compositions musicales ne s'étend pas au droit de représentation et
d'exécution (arrêt de la cour d'appel de Lyon, 7 janvier 1852).

ments ; néanmoins les actes qui auraient été passés entre des comédiens et des auteurs vivants, ou des auteurs morts depuis moins de cinq ans, seront exécutés.

ART. 5. Les héritiers ou les cessionnaires des auteurs seront propriétaires de leurs ouvrages durant l'espace de cinq années après la mort de l'auteur [1].

(*Lois et Actes du Gouvernement*, tome II, p. 343.)

2.

Loi du 19 juillet 1791, relative aux théâtres et au droit de représentation et d'exécution des œuvres dramatiques et musicales.

(Extrait.)

ART. 1er. Conformément aux dispositions des articles 3 et 4 du décret du 13 janvier dernier, concernant les spectacles, les ouvrages des auteurs vivants, même ceux qui étaient représentés avant cette époque, soit qu'ils fussent ou non gravés ou imprimés, ne pourront être représentés sur aucun théâtre public, dans toute l'étendue du royaume, sans le consentement formel et par écrit des auteurs, ou sans celui de leurs héritiers ou cessionnaires pour les ouvrages des auteurs morts depuis moins de cinq ans, sous peine de confiscation du produit total des représentations au profit de l'auteur ou de ses héritiers ou cessionnaires.

ART. 2. La convention entre les auteurs et les entrepreneurs de spectacles sera parfaitement libre, et les officiers municipaux, ni aucuns autres fonctionnaires publics, ne pourront taxer lesdits ouvrages ni modérer ou augmenter le prix convenu [2]; et la rétribution des auteurs, convenue entre

---

1. La durée de ce droit a été successivement modifiée par les lois des 19 juillet 1793 (p. 7), 1er septembre 1793 (p. 10), 3 août 1844 (p. 30) et 8 avril 1854 (p. 36).

2. Cette disposition a été complétée par les décrets-lois des 8 juin 1806 (p. 15) et 15 octobre 1812 (p. 22), et le décret du 29 novembre 1859 (p. 51).

eux ou leurs ayants cause et les entrepreneurs de spectacles,
ne pourra être ni saisie ni arrêtée par les créanciers des entrepreneurs de spectacles.

(*Lois et Actes du Gouvernement*, tome IV, p. 69.)

3.

Loi du 19 juillet 1793, relative aux droits de propriété littéraire et artistique [1].

La convention nationale,

Après avoir entendu son comité d'instruction publique,

Décrète ce qui suit :

ART. 1er. Les auteurs d'écrits en tout genre [2], les compositeurs de musique, les peintres et dessinateurs qui feront

---

1. Les deux lois de 1791 n'avaient pourvu qu'aux intérêts des auteurs
dramatiques. La loi du 19 juillet 1793 régla pour la première fois les droits
de propriété littéraire et artistique, qui étaient restés sans protection depuis
qu'il n'était plus délivré de priviléges. Cette loi fut votée sans discus-
sion après un court rapport de M. Lakanal. « De toutes les propriétés,
disait le rapporteur, la moins susceptible de contestation, celle dont l'ac-
croissement ne peut blesser l'égalité, ni donner ombrage à la liberté, c'est
sans contredit celle des productions du génie ; et si quelque chose doit
étonner, c'est qu'il ait fallu reconnaître cette propriété, assurer son libre
exercice par une loi positive. »

2. Aucune exception n'est faite à l'égard des auteurs d'œuvres anonymes
et pseudonymes.

Lorsque plusieurs auteurs ont composé un ouvrage en commun, la durée
du droit de propriété repose sur la tête du dernier survivant.

L'éditeur d'une œuvre collective, telle qu'un dictionnaire biographique, qui
a rassemblé des matériaux, traité avec des gens de lettres, contrôlé leurs
travaux partiels pour les combiner dans l'ensemble et les adapter au but
commun, est considéré comme auteur de l'ensemble de l'œuvre et coauteur
de ses différentes parties dans leurs rapports avec l'ensemble (arrêt de la
cour de cassation, 16 juillet 1854).

Des extraits et citations d'ouvrages du domaine privé ne sont permis que
dans une limite restreinte et qu'autant qu'il ne peut en résulter de préjudice
pour l'auteur ou ses ayants droit (cour de cassation, 15 juin 1844).

La législation ne contient aucune disposition spéciale concernant la traduction dans une autre langue d'œuvres originales protégées par les lois sur
la propriété littéraire. Ce silence du législateur ne peut être considéré comme
un amoindrissement du droit absolu que la loi donne à l'auteur sur ses œu-

graver des tableaux ou dessins [1], jouiront durant leur vie entière du droit exclusif de vendre, faire vendre, distribuer leurs ouvrages dans le territoire de la république et d'en céder la propriété en tout ou en partie [2].

Art. 2. Leurs héritiers ou cessionnaires jouiront du même droit durant l'espace de dix ans après la mort des auteurs [3].

Art. 3. Les officiers de paix seront tenus de faire confisquer, à la réquisition et au profit des auteurs, compositeurs, peintres ou dessinateurs et autres, leurs héritiers ou cessionnaires, tous les exemplaires des éditions imprimées

vres et ses conceptions, sans distinction des idiomes dans lesquels elles sont écrites. On trouve dans la jurisprudence plusieurs décisions en ce sens : d'après un arrêt de la cour de cassation (12 janvier 1853), deux arrêts de la cour de Paris (17 juillet 1847 et 26 janvier 1852), un arrêt de la cour de Rouen (7 novembre 1845) et deux jugements du tribunal de la Seine (23 mars 1847 et 23 avril 1857), une traduction littérale en une autre langue que celle de l'édition originale ne peut être publiée ni introduite en France sans le consentement des auteurs ou de leurs ayants droit. La traduction d'un livre français en langue étrangère reproduit nécessairement l'ouvrage original, puisque le traducteur en prend le titre, le sujet, les idées, les arguments et les phrases, tout en un mot, excepté la langue; or il est évident que ce qui constitue un ouvrage, ce sont le sujet, les idées, l'ordre, dans lequel elles sont présentées, leur développement, et non l'idiome dans lequel il est écrit (jugement du tribunal de la Seine, confirmé par la cour impériale de Paris, 23 mars et 17 juillet 1847).

Toute traduction d'un ouvrage écrit en langue étrangère vivante ou morte, que l'œuvre traduite soit du domaine privé ou du domaine public, est une propriété qui ne peut être reproduite ni copiée (arrêt de la cour de cassation, 23 juillet 1824). Cette question est tout à fait distincte de celle relative au droit exclusif de traduction : il faut faire attention à ne pas les confondre (voir la note 1 de la page 2).

1. Le droit de reproduire ou d'autoriser la reproduction d'un tableau ou d'un dessin par la gravure ou tout autre mode appartient au propriétaire du tableau ou du dessin, à moins de réserves contraires faites par l'artiste (arrêt de la cour de cassation, 27 mai 1842).

2. Nonobstant l'article 544 du code Napoléon (p. 12), la cession n'autorise pas le cessionnaire à dénaturer et altérer l'œuvre de l'auteur : ce n'est pas le fonds même de l'ouvrage qui lui est vendu, mais seulement le droit de l'exploiter; il n'en est en quelque sorte que l'usufruitier.

3. Ce terme de dix ans a été porté d'abord à vingt ans par le décret-loi du 5 février 1810 (p. 20), et ensuite à trente ans par la loi du 8 avril 1854 (p. 36)

ou gravées sans la permission formelle et par écrit des auteurs [1].

Art. 4. Tout contrefacteur sera tenu de payer au véritable propriétaire une somme équivalente au prix de trois mille exemplaires de l'édition originale [2].

Art. 5. Tout débitant d'édition contrefaite, s'il n'est pas reconnu contrefacteur, sera tenu de payer au véritable propriétaire une somme équivalente au prix de cinq cents exemplaires de l'édition originale [3].

Art. 6. Tout citoyen qui mettra au jour un ouvrage, soit de littérature ou de gravure, dans quelque genre que ce soit, sera obligé d'en déposer deux exemplaires à la bibliothèque nationale ou au cabinet des estampes de la république, dont il recevra un reçu signé par le bibliothécaire, faute de quoi il ne pourra être admis en justice pour la poursuite des contrefacteurs [4].

en faveur des enfants des auteurs; aucune modification n'a eu lieu à l'égard des autres héritiers. Suivant la jurisprudence, ces divers accroissements du droit de propriété profitent à l'auteur, lors même qu'il a vendu la propriété de son œuvre, à moins que, d'après les termes du contrat, ils ne soient acquis au cessionnaire. Il en est de même du bénéfice des conventions internationales, qui donnent de nouveaux droits à l'auteur dans les pays étrangers.

1. Aux termes de cet article, l'officier ministériel requis par un auteur ou son ayant droit de procéder à une saisie ne peut s'y refuser. La perquisition et la saisie ont lieu aux risques et périls du requérant. D'après l'article 1er de la loi du 25 prairial an III (p. 11) et l'article 45 du décret-loi du 5 février 1810 (p. 21), les fonctions attribuées ici aux officiers de paix peuvent être aussi exercées par les commissaires de police, les juges de paix, les inspecteurs de l'imprimerie et de la librairie et les préposés des douanes.

2. La pénalité établie par les articles 4 et 5 a été modifiée par les articles 423, 427, 428, 429 et 463 du code pénal (p. 18). Aux termes de ces articles, le chiffre de l'indemnité est réglé par les voies ordinaires, d'après le préjudice causé.

3. Voir la note ci-dessus pour les modifications apportées à cet article par le code pénal.

4. Conformément aux ordonnances des 24 octobre 1814 (p. 24) et 9 janvier 1828 (p. 25), le dépôt des exemplaires est fait actuellement, à Paris au ministère de l'intérieur, et dans les départements au secrétariat des préfectures, par l'imprimeur, qui est passible d'une amende de mille francs s'il manque à cette prescription légale. Le nombre d'exemplaires à déposer est en-

Art. 7. Les héritiers de l'auteur d'un ouvrage de littérature ou de gravure, ou de toute autre production de l'esprit ou du génie qui appartient aux beaux-arts, en auront la propriété exclusive pendant dix années[1].

Visé : S. E- MONNEL.

Collationné : JEAN-BON SAINT-ANDRÉ, président ;
BILLAUD-VARENNES, LINDET, secrétaires.

(Lois et Actes du Gouvernement, tome VII, p. 211.)

4.

Loi du 1ᵉʳ septembre 1793, relative aux théâtres et au droit de représentation et d'exécution des œuvres dramatiques et musicales.

(Extrait.)

Art. 2. Les lois des 13 janvier et 19 juillet 1791 et 1793[2] sont appliquées aux ouvrages dramatiques dans toutes leurs dispositions.

core fixé à deux pour les écrits imprimés ; mais il a été porté, par l'ordonnance du 9 janvier 1828 (p. 25), à trois pour les épreuves des gravures, lithographies, etc.

Un exemplaire des écrits imprimés avec gravures et des épreuves des gravures doit être déposé en plus, afin d'obtenir l'autorisation préalable prescrite par le décret du 17 février 1852 (p. 34). Un exemplaire des écrits traitant de matières politiques et d'économie sociale, et ayant moins de dix feuilles d'impression, doit être également déposé en sus par l'imprimeur au parquet du procureur impérial, vingt-quatre heures avant toute publication ou distribution, en conformité de l'article 7 de la loi du 27 juillet 1849 (p. 33).

La loi ne prescrit la formalité du dépôt que pour les ouvrages de littérature ou de gravure. L'obligation du dépôt n'a pas lieu et ne peut exister pour les manuscrits, les leçons orales, les discours publics et les sermons non imprimés, les œuvres dramatiques et musicales représentées ou exécutées et non publiées, les œuvres d'art et de sculpture, les dessins et les tableaux non reproduits par la gravure, la lithographie ou la photographie (arrêt de la cour d'appel de Douai, 3 juin 1850).

1. Voir la note 3 de la page 8 pour les modifications apportées à cet article en ce qui concerne la durée des droits de propriété.

2. Voir les lois des 13 janvier 1791 (p. 5), 19 juillet 1791 (p. 6) et 19 juillet 1793 (p. 7).

Art. 3. La police des spectacles continuera d'appartenir exclusivement aux municipalités. Les entrepreneurs ou associés seront tenus d'avoir un registre dans lequel ils inscriront et feront viser par l'officier de police de service, à chaque représentation, les pièces qui seront jouées, pour constater le nombre des représentations de chacune.

(*Lois et Actes du Gouvernement*, tome VII, p. 360.)

5.

Loi du 25 prairial an III (13 juin 1795), relative aux autorités chargées de constater les délits de contrefaçon.

La convention nationale,

Après avoir entendu le rapport de ses comités de législation et d'instruction publique sur plusieurs demandes en explication de l'article 3 de la loi du 19 juillet 1793, dont l'objet est d'assurer aux auteurs et artistes la propriété de leurs ouvrages par des mesures répressives contre les contrefacteurs,

Décrète ce qui suit :

Art. 1er. Les fonctions attribuées aux officiers de paix par l'article 3 de la loi du 19 juillet 1793 [1] seront à l'avenir exercées par les commissaires de police, et par les juges de paix dans les lieux où il n'y a pas de commissaires de police.

Art. 2. Le présent décret sera inséré au Bulletin de correspondance.

Visé : Enjubault.

Collationné : Breard, *ex-président ;*
Boursault, Gamon, *secrétaires.*

(*Lois de la république*, cahier 156, N° 916.)

1. Voir l'article 3 de la loi du 19 juillet 1793 (p. 8).

6.

Code Napoléon (1804).

(Extraits.)

Art. 544. La propriété est le droit de jouir et disposer des choses de la manière la plus absolue[1], pourvu qu'on n'en fasse pas un usage prohibé par les lois ou par les règlements.

Art. 550. Le possesseur est de bonne foi quand il possède comme propriétaire, en vertu d'un titre translatif de propriété, dont il ignore les vices.

Il cesse d'être de bonne foi du moment où ces vices lui sont connus[2].

Art. 1382. Tout fait quelconque de l'homme qui cause à autrui un dommage oblige celui par la faute duquel il est arrivé à le réparer.

7.

Décret-loi du 1ᵉʳ germinal an XIII (22 mars 1805), relatif aux droits de propriété des œuvres posthumes.

Napoléon, empereur des Français,

Sur le rapport du ministre de l'intérieur,

Vu les lois sur les propriétés littéraires,

Considérant qu'elles déclarent propriétés publiques les ouvrages des auteurs morts depuis plus de dix ans ;

Que les dépositaires, acquéreurs, héritiers ou propriétaires des ouvrages posthumes d'auteurs morts depuis plus de dix ans hésitent à publier ces ouvrages, dans la crainte de s'en voir contester la propriété exclusive et dans l'incertitude de la durée de cette propriété ;

Que l'ouvrage inédit est comme l'ouvrage qui n'existe pas,

1. Voir la note 2 de la page 8.
2. Au sujet de l'excuse de bonne foi, voir la note 2 de la page 18.

et que celui qui le publie a les droits de l'auteur décédé et doit en jouir pendant sa vie ;

Que cependant, s'il réimprimait en même temps et dans une seule édition, avec les œuvres posthumes, les ouvrages déjà publiés du même auteur, il en résulterait en sa faveur une espèce de privilége pour la vente d'ouvrages devenus propriété publique ;

Le conseil d'État entendu,

Décrète :

ART. 1er. Les propriétaires par succession ou à d'autre titre d'un ouvrage posthume ont les mêmes droits que l'auteur, et les dispositions des lois sur la propriété exclusive des auteurs et sur sa durée leur sont applicables, toutefois à la charge d'imprimer séparément les œuvres posthumes, et sans les joindre à une nouvelle édition des ouvrages déjà publiés et devenus propriété publique[1].

ART. 2. Le grand juge ministre de la justice et les ministres de l'intérieur et de la police générale sont chargés, chacun en ce qui le concerne, de l'exécution du présent décret.

Au palais des Tuileries, le 1er germinal an XIII.

NAPOLÉON.

Par l'Empereur :
Le ministre secrétaire d'État,
H. B. MARET.

(*Bulletin des lois*, IVe série, No 38.)

---

1. Cette prescription est absolue ; elle s'applique non-seulement à la première publication que peut faire l'éditeur de l'œuvre posthume d'un auteur, mais aussi à toutes les réimpressions subséquentes de cette œuvre (jugement du tribunal de la Seine, 6 juillet 1854).

La condition imposée de ne pas confondre dans la même édition les œuvres déjà publiées du même auteur ne s'applique qu'au cas où les œuvres sont distinctes, et non au cas où il s'agit d'un ouvrage unique et indivisible, dont quelques fragments auraient été détachés et publiés séparément (cour de cassation, 31 mars 1857).

Le bénéfice de ce décret-loi a été étendu à la représentation et exécution des œuvres dramatiques et musicales par le décret-loi du 8 juin 1806 (p. 15).

8.

Décret-loi du 7 germinal an XIII (29 mars 1805), relatif au droit
d'impression des livres d'église.

NAPOLÉON, empereur des Français,

Sur le rapport du ministre des cultes,

Décrète :

ART. 1er. Les livres d'église, les heures et prières, ne
pourront être imprimés ou réimprimés que d'après la permission donnée par les évêques diocésains [1] ; laquelle permission
sera textuellement rapportée et imprimée en tête de chaque
exemplaire.

ART. 2. Les imprimeurs, libraires, qui feraient imprimer
ou réimprimer des livres d'église, des heures ou prières,
sans avoir obtenu cette permission, seront poursuivis conformément à la loi du 19 juillet 1793 [2].

ART. 3. Le grand juge ministre de la justice et les ministres de la police générale et des cultes sont chargés, chacun
en ce qui le concerne, de l'exécution du présent décret.

Au palais de Saint-Cloud, le 7 germinal an XIII.

NAPOLÉON.

Par l'Empereur :

Le ministre secrétaire d'État,

H. B. MARET.

(*Bulletin des lois,* IVe série, No 40.)

1. La condition à laquelle est subordonnée toute impression ou réimpression de livres d'église, à savoir la permission de l'évêque diocésain, lui
confère virtuellement la faculté de l'accorder ou de la refuser, en vertu d'une
appréciation souveraine, sans qu'il soit tenu d'en décliner les motifs, sous la
seule qualité inhérente au caractère dont il est revêtu et à la mission de haute
surveillance que ce caractère lui impose ; ce qui entraîne, par voie de conséquence, le libre choix de l'imprimeur ou des imprimeurs préposés sous sa
direction à toutes les publications liturgiques réclamées par les besoins de
son diocèse (arrêt de la cour de cassation, 5 juin 1847).

2. Voir la loi du 19 juillet 1793 (p. 7).

9.

Code de procédure civile (1806).

(Extraits.)

Art. 59. En matière personnelle, le défendeur sera assigné devant le tribunal de son domicile; s'il n'a pas de domicile, devant le tribunal de sa résidence; s'il y a plusieurs défendeurs, devant le tribunal du domicile de l'un d'eux, au choix du demandeur [1].

Art. 1036. Les tribunaux, suivant la gravité des circonstances, pourront, dans les causes dont ils seront saisis, prononcer, même d'office, des injonctions, supprimer des écrits, les déclarer calomnieux et ordonner l'impression et l'affiche de leurs jugements.

10.

Décret-loi du 8 juin 1806, relatif aux théâtres et au droit de représentation et d'exécution des œuvres dramatiques et musicales posthumes.

(Extrait.)

Art. 10. Les auteurs et les entrepreneurs seront libres de déterminer entre eux, par des conventions mutuelles, les rétributions dues aux premiers par somme fixe ou autrement.

Art. 11. Les autorités locales veilleront strictement à l'exécution de ces conventions.

Art. 12. Les propriétaires d'ouvrages dramatiques posthumes ont les mêmes droits que l'auteur, et les dispositions sur la propriété des auteurs et sur sa durée leur sont applicables ainsi qu'il est dit au décret du 1er germinal an XIII [2].

(*Bulletin des lois*, IVᵉ série, Nº 101.)

1. La contrefaçon étant un délit, le demandeur a le droit d'opter entre la juridiction civile et la juridiction correctionnelle. Il est préférable pour le demandeur de porter l'affaire devant le tribunal correctionnel, parce que le ministère public peut exercer en même temps l'action publique et réclamer l'application des peines portées par la loi pour le fait de contrefaçon.

2. Voir le décret-loi du 1er germinal an XIII (p. 12).

11.

Code d'instruction criminelle (1808).

(Extraits.)

ART. 637. L'action publique et l'action civile résultant d'un crime de nature à entraîner la peine de mort ou des peines afflictives perpétuelles, ou de tout autre crime emportant peine afflictive ou infamante, se prescriront après dix années révolues, à compter du jour où le crime aura été commis, si dans cet intervalle il n'a été fait aucun acte d'instruction ni de poursuite.

S'il a été fait, dans cet intervalle, des actes d'instruction ou de poursuite non suivis de jugement, l'action publique et l'action civile ne se prescriront qu'après dix années révolues, à compter du dernier acte, à l'égard même des personnes qui ne seraient pas impliquées dans cet acte d'instruction ou de poursuite.

ART. 638. Dans les deux cas exprimés en l'article précédent, et suivant les distinctions d'époques qui y sont établies, la durée de la prescription sera réduite à trois années révolues s'il s'agit d'un délit de nature à être puni correctionnellement [1].

1. Le délit et le débit de contrefaçon, étant punissables correctionnellement, tombent sous l'application de l'article 638.

L'existence constatée de contrefaçons dans un magasin constitue le débit de contrefaçons, sans qu'il y ait lieu pour le poursuivant de justifier de ventes effectuées.

Doit être considéré comme débitant celui à qui des contrefaçons sont expédiées et qui se propose de les vendre, alors même que ces objets contrefaits ne lui seraient pas encore parvenus (arrêt de la cour d'Amiens, 28 novembre 1835).

Lorsqu'il y a prescription du délit, le contrefacteur et le débitant ne peuvent plus être atteints, même civilement, par une poursuite fondée sur l'article 1382 (p. 12) du code Napoléon. Les termes des articles 637 et 638 portent formellement que l'action publique et l'action civile sont éteintes par la même prescription.

12.

Décret-loi du 20 février 1809, relatif à la publication des manuscrits
des bibliothèques et des établissements publics.

NAPOLÉON, empereur des Français, roi d'Italie, etc.,

Sur le rapport de notre ministre des relations extérieures,

Notre conseil d'État entendu,

Nous avons décrété et décrétons ce qui suit :

ART. 1er. Les manuscrits des archives de notre ministère
des relations extérieures et ceux des bibliothèques impé-
riales, départementales et communales, ou des autres établissements de notre empire, soit que ces manuscrits existent dans
les dépôts auxquels ils appartiennent, soit qu'ils en aient été
soustraits, ou que leurs minutes n'y aient pas été déposées aux
termes des anciens règlements, sont la propriété de l'État,
et ne peuvent être imprimés et publiés sans autorisation.

ART. 2. Cette autorisation sera donnée par notre ministre
des relations extérieures pour la publication des ouvrages
dans lesquels se trouveront des copies, extraits ou citations
des manuscrits qui appartiennent aux archives de son ministère, et par notre ministre de l'intérieur pour celle des
ouvrages dans lesquels se trouveront des copies, extraits ou
citations des manuscrits qui appartiennent à l'un des autres
établissements publics mentionnés dans l'article précédent.

ART. 3. Nos ministres des relations extérieures et de l'intérieur sont chargés, chacun en ce qui le concerne, de
l'exécution du présent décret.

Au palais des Tuileries, le 20 février 1809.

NAPOLÉON.

Par l'Empereur :

Le ministre secrétaire d'État,

H. B. MARET.

(*Bulletin des lois*, IVe série, No 226.)

13.

Code pénal (1810[1]).

(Extraits.)

ART. 423. Quiconque aura trompé l'acheteur sur le titre des matières d'or ou d'argent, sur la qualité d'une pierre fausse vendue pour fine, sur la nature de toute marchandise ; quiconque, par usage de faux poids ou de fausses mesures, aura trompé sur la quantité des choses vendues, sera puni de l'emprisonnement pendant trois mois au moins, un an au plus, et d'une amende qui ne pourra excéder le quart des restitutions et dommages-intérêts, ni être au-dessous de cinquante francs.

Les objets du délit, ou leur valeur, s'ils appartiennent encore au vendeur, seront confisqués ; les faux poids et les fausses mesures seront aussi confisqués, et de plus seront brisés.

ART. 425. Toute édition d'écrits, de composition musicale, de dessin, de peinture ou de toute autre production imprimée ou gravée en entier ou en partie, au mépris des lois et règlements relatifs à la propriété des auteurs, est une contrefaçon ; et toute contrefaçon est un délit[2].

ART. 426. Le débit d'ouvrages contrefaits, l'introduction sur le territoire français d'ouvrages qui, après avoir été imprimés en France, ont été contrefaits chez l'étranger, sont un délit de la même espèce.

1. Ces diverses dispositions du code pénal ont abrogé les pénalités inscrites dans les lois des 13 janvier 1791 (p. 5), 19 juillet 1791 (p. 6) et 19 juillet 1793 (p. 7).

2. L'excuse de bonne foi, étant de l'essence des lois pénales, peut être invoquée par le contrefacteur et le débitant, parce qu'il n'y a pas de délit dès qu'il y a bonne foi. Elle ne saurait être appréciée en règle générale ; elle dépend entièrement des faits qui sont laissés à l'appréciation des tribunaux.

Art. 427. La peine contre le contrefacteur ou contre l'introducteur sera une amende de cent francs au moins et de deux mille francs au plus; et contre le débitant, une amende de vingt-cinq francs au moins et de cinq cents francs au plus.

La confiscation de l'édition contrefaite sera prononcée tant contre le contrefacteur que contre l'introducteur et le débitant.

Les planches, moules ou matrices des objets contrefaits seront aussi confisqués.

Art. 428. Tout directeur, tout entrepreneur de spectacle, toute association d'artistes qui aura fait représenter sur son théâtre des ouvrages dramatiques, au mépris des lois et règlements relatifs à la propriété des auteurs, sera puni d'une amende de cinquante francs au moins, de cinq cents francs au plus, et de la confiscation des recettes.

Art. 429. Dans les cas prévus par les quatre articles précédents, le produit des confiscations ou les recettes confisquées seront remis au propriétaire pour l'indemniser d'autant du préjudice qu'il aura souffert; le surplus de son indemnité, ou l'entière indemnité, s'il n'y a eu ni vente d'objets confisqués ni saisie de recettes, sera réglé par les voies ordinaires.

Art. 463..... Dans tous les cas où la peine de l'emprisonnement et celle de l'amende sont prononcées par le code pénal, si les circonstances paraissent atténuantes, les tribunaux correctionnels sont autorisés, même en cas de récidive, à réduire l'emprisonnement même au-dessous de six jours et l'amende même au-dessous de seize francs; ils pourront aussi prononcer séparément l'une ou l'autre de ces peines, et même substituer l'amende à l'emprisonnement, sans qu'en aucun cas elle puisse être au-dessous des peines de simple police.

14.

Décret-loi du 5 février 1810, relatif à l'imprimerie et aux droits
de propriété littéraire et artistique.

(Extraits.)

NAPOLÉON, par la grâce de Dieu et les constitutions, empereur des Français, roi d'Italie, etc.,

Notre conseil d'État entendu,

Nous avons décrété et décrétons ce qui suit :

. . . .

TITRE VI. *De la propriété et de ses garanties.*

ART. 39. Le droit de propriété est garanti à l'auteur et à
sa veuve pendant leur vie, si les conventions matrimoniales
de celle-ci lui en donnent le droit [1], et à leurs enfants pendant vingt ans [2].

ART. 40. Les auteurs, soit nationaux, soit étrangers [3], de

1. Les conventions matrimoniales donnent droit à la jouissance viagère
spécifiée par l'article 39 lorsque la veuve est mariée sous le régime de la
communauté, soit légale, soit conventionnelle (arrêt de la cour impériale de
Paris, 8 avril 1854). La veuve perd ses droits à cette jouissance viagère si
elle renonce à la communauté. Lorsqu'elle n'a pas la jouissance viagère, elle
n'a d'autres droits que ceux qui peuvent lui appartenir comme donataire ou
héritière.

Un ouvrage est un meuble, et à ce titre il se communique de plein
droit à la communauté (M. Troplong, *Contrat de mariage,* n° 433).
L'œuvre du mari, essentiellement mobilière, tombe dans la communauté
et profite à la société conjugale, non-seulement dans ses produits, mais
encore dans sa valeur capitale; c'est l'ouvrage même qui lui appartient,
et une pareille propriété n'étant pas susceptible de division, ne pouvant pas
surtout se partager avec le domaine public, la veuve est appelée à en recueillir
viagèrement les fruits (jugement du tribunal de la Seine, 1er février 1854).

2. Ce terme de vingt ans a été porté à trente ans par la loi du 8 avril 1854
(p. 36). Les jurisconsultes s'accordent pour admettre que les enfants adoptifs
et les enfants naturels sont également aptes à jouir du bénéfice de ces dispositions.

3. Il s'agit ici des ouvrages d'auteurs, soit nationaux, soit étrangers, imprimés ou gravés pour la première fois en France et non encore publiés en

tout ouvrage imprimé ou gravé peuvent céder leur droit à un imprimeur ou libraire, ou à toute autre personne qui est alors substituée en leur lieu et place, pour eux et leurs ayants cause, comme il est dit à l'article précédent.

TITRE VII.

Section Ire. *Des délits en matière de librairie.*

ART. 41. Il y aura lieu à confiscation et amende au profit de l'État dans les cas suivants, sans préjudice des dispositions du code pénal :

. . . .

7° Si c'est une contrefaçon, c'est-à-dire si c'est un ouvrage imprimé sans le consentement et au préjudice de l'auteur ou éditeur, ou de leurs ayants cause.

ART. 42. Dans ce dernier cas, il y aura lieu, en outre, à des dommages-intérêts envers l'auteur ou éditeur, ou leurs ayants cause ; et l'édition ou les exemplaires contrefaits seront confisqués à leur profit.

ART. 43. Les peines seront prononcées et les dommages-intérêts seront arbitrés par le tribunal correctionnel ou criminel, selon les cas et d'après les lois.

Section II. *Du mode de constater les délits et contraventions.*

ART. 45. Les délits et contraventions seront constatés par les inspecteurs de l'imprimerie et de la librairie, les officiers de police [1], et, en outre, par les préposés des douanes pour les livres venant de l'étranger [2].

pays étrangers. Le décret-loi du 28 mars 1852 (p. 34) a réglé la situation des auteurs dont les ouvrages sont publiés originairement hors de France.

1. D'après l'article 1er de la loi du 25 prairial an III (p. 11), les juges de paix doivent remplir ces fonctions dans les endroits où il n'y a pas de commissaires de police.

2. Les préposés des douanes procèdent d'office à la saisie des contrefaçons, tandis que les commissaires de police n'agissent ordinairement que sur la réquisition des ayants droit.

Art. 47. Nos procureurs généraux ou impériaux seront tenus de poursuivre d'office dans tous les cas prévus à la section précédente, sur la simple remise qui leur sera faite d'une copie des procès-verbaux dûment affirmés.

Titre VIII. *Dispositions diverses.*

Art. 48. Chaque imprimeur sera tenu de déposer à la préfecture de son département, et à Paris à la préfecture de police, cinq exemplaires de chaque ouvrage, savoir : un pour la bibliothèque impériale, un pour le ministre de l'intérieur, un pour la bibliothèque de notre conseil d'État, un pour le directeur général de la librairie [1].

. . . .

Au palais des Tuileries, le 5 février 1810.

NAPOLÉON.

Par l'Empereur :

Le ministre secrétaire d'État,

H. B. duc DE BASSANO.

(*Bulletin des lois*, IV⁰ série, N⁰ 264.)

15.

Décret-loi du 15 octobre 1812, relatif au Théâtre Français et aux droits de représentation des auteurs [2].

(Extrait.)

Art. 72. La part d'auteur dans le produit des recettes, le tiers prélevé pour les frais, est du huitième pour une pièce en cinq ou en quatre actes, du douzième pour une pièce en trois actes, et du seizième pour une pièce en un et

---

1. Les dispositions de cet article relatives au nombre d'exemplaires exigés pour le dépôt ont été modifiées. Voir la note 3 de la page 9.

2. Voir les lois des 13 janvier 1791 (p. 5), 19 juillet 1791 (p. 6) et 1ᵉʳ septembre 1793 (p. 7) et le décret-loi du 8 juin 1806 (p. 14), relatifs au droit de représentation et d'exécution des œuvres dramatiques et musicales.

deux actes. Cependant les auteurs et les comédiens peuvent faire toute autre convention de gré à gré [1].

ART. 73. L'auteur jouit de ses entrées du moment où sa pièce est mise en répétition, et les conserve trois ans après la première représentation pour un ouvrage en cinq et en quatre actes, deux ans pour un ouvrage en trois actes, un an pour une pièce en un et deux actes. L'auteur de deux pièces en cinq ou en quatre actes, ou de trois pièces en trois actes, ou de quatre pièces en un acte, restées au théâtre, a ses entrées sa vie durant.

. . . .

Au quartier impérial de Moscou, le 15 octobre 1812.

(Bulletin des lois, IVe série, N° 469.)

16.

Loi du 21 octobre 1814, relative à l'imprimerie.

(Extraits.)

ART. 12. Le brevet pourra être retiré à tout imprimeur ou libraire qui aura été convaincu, par un jugement, de contravention aux lois et règlements [2].

ART. 14. Nul imprimeur ne pourra imprimer un écrit avant d'avoir déclaré qu'il se propose de l'imprimer, ni le mettre en vente ou le publier, de quelque manière que ce soit, avant d'avoir déposé le nombre prescrit d'exemplaires, savoir : à Paris, au secrétariat de la direction générale [3] ; et dans les départements, au secrétariat de la préfecture.

(Bulletin des lois, V^e série, N° 47.)

---

1. Cet article a été modifié par l'article 1er du décret du 19 novembre 1859 (p. 51).

2. Dans une circulaire adressée aux préfets le 12 décembre 1845, le ministre de l'intérieur renouvelle l'intention de l'administration d'user du droit, que lui confère l'article 12, de retirer leurs brevets aux imprimeurs et libraires qui auront été condamnés pour impression de contrefaçons.

3. Ce dépôt se fait au bureau de la direction de l'imprimerie et de la librairie, au ministère de l'intérieur.

17.

Ordonnance du 24 octobre 1814, relative à l'imprimerie

(Extraits.)

Art. 4. Le nombre d'exemplaires qui doivent être déposés, ainsi qu'il est dit à l'article 14 de la loi du 21 octobre 1814 [1], reste fixé à cinq, lesquels seront répartis ainsi qu'il suit : un pour notre bibliothèque, un pour notre amé et féal chevalier le chancelier de France, un pour notre ministre secrétaire d'État au département de l'intérieur, un pour le directeur général de la librairie, et le cinquième pour le censeur qui aura été ou qui sera chargé d'examiner l'ouvrage [2].

Art. 8. Le nombre d'épreuves des estampes et planches gravées, sans texte, qui doivent être déposées pour notre bibliothèque reste fixé à deux, dont une avant la lettre ou en couleur, s'il en a été tiré ou imprimé de cette espèce.

Il sera déposé en outre trois épreuves, dont une pour notre amé et féal chevalier le chancelier de France, une pour notre ministre secrétaire d'État au département de l'intérieur, et la troisième pour le directeur général de la librairie.

Art. 9. Le dépôt ordonné en l'article précédent sera fait, à Paris, au secrétariat de la direction générale, et dans les départements, au secrétariat de la préfecture. Le récépissé détaillé qui en sera délivré à l'auteur formera son titre de propriété, conformément aux dispositions de la loi du 19 juillet 1793 [3].

(*Bulletin des lois*, V^e série, N° 48.)

1. Voir l'article 14 de la loi du 21 octobre 1814 (p. 23).
2. Les dispositions des articles 4 et 8, relatives au nombre d'exemplaires exigés pour le dépôt, ont été modifiées. Voir la note 3 de la page 9.
3. Voir la loi du 19 juillet 1793 (p. 7).

18.

Loi du 28 juillet 1824, relative à l'altération ou à la supposition de noms sur des objets fabriqués [1].

(Extrait.)

ART. 1er. Quiconque aura, soit apposé, soit fait apparaître, par addition, retranchement, ou par une altération quelconque, sur des objets fabriqués, le nom d'un fabricant autre que celui qui en est l'auteur, ou la raison commerciale d'une fabrique autre que celle où lesdits objets auront été fabriqués, ou enfin le nom d'un lieu autre que celui de la fabrication, sera puni des peines portées en l'article 423 du code pénal [2], sans préjudice des dommages-intérêts, s'il y a lieu [3].

Tout marchand, commissionnaire ou débitant quelconque sera passible des effets de la poursuite lorsqu'il aura sciemment exposé en vente ou mis en circulation les objets marqués de noms supposés ou altérés.

(*Bulletin des lois*, VIIe série, N° 685.)

19.

Ordonnance du 9 janvier 1828, relative à l'imprimerie.

(Extrait.)

ART. 1er. Le nombre des exemplaires des écrits imprimés et des épreuves des planches et estampes dont le dépôt est exigé par la loi, et qui avait été fixé à cinq par les articles 4

1. Cette loi a été complétée par la loi du 23 juin 1857 (p. 38).

2. Voir l'article 423 du code pénal (p. 18).

3. La disposition de cet article est générale et absolue : elle s'applique aussi bien aux œuvres artistiques qu'aux autres objets fabriqués, quand ces œuvres artistiques sont l'objet d'une spéculation commerciale (arrêt de la cour impériale de Paris, 10 mars 1855).

et 8 de l'ordonnance royale du 24 octobre 1814 [1], est réduit, outre l'exemplaire et les deux épreuves destinés à notre bibliothèque conformément à la même ordonnance, à un seul exemplaire et une seule épreuve pour la bibliothèque du ministère de l'intérieur [2].

(Bulletin des lois, VIIIe série, N° 209.)

20.

Loi du 6 mai 1841, relative à l'importation et au transit des livres et des gravures.

(Extrait.)

ART. 8. Les contrefaçons en librairie seront exclues du transit accordé aux marchandises prohibées par l'article 3 de la loi du 9 février 1832.

Tous les livres en langue française dont la propriété est établie à l'étranger, ou qui sont une édition étrangère d'ouvrages français tombés dans le domaine public, continueront de jouir du transit, et seront reçus à l'importation en acquittant les droits établis, et sous la condition de produire un certificat d'origine relatant le titre de l'ouvrage, le lieu et la date de l'impression, le nombre des volumes, lesquels devront être brochés ou reliés, et ne pourront être présentés en feuilles.

---

1. Voir l'ordonnance du 24 octobre 1814 (p. 24).

2. Il résulte de la loi du 19 juillet 1793 (p. 7), des décrets-lois des 17 février et 28 mars 1852 (p. 34) et de l'ordonnance du 9 janvier 1828 (p. 25) que les imprimeurs doivent faire au ministère de l'intérieur le dépôt de deux exemplaires pour les écrits imprimés sans gravures, de trois exemplaires pour les écrits imprimés avec gravures, et de quatre exemplaires pour les épreuves des gravures, lithographies, photographies, etc. Un exemplaire des écrits traitant de matières politiques et d'économie sociale, et ayant moins de dix feuilles d'impression, doit en outre être déposé au parquet du procureur impérial, conformément à la loi du 27 juillet 1849 (p. 33). Voir la note 3 de la page 9.

Les livres venant de l'étranger, en quelque langue qu'ils soient, ne pourront être présentés à l'importation ou au transit que dans les bureaux de douanes qui seront désignés par une ordonnanee du roi.

Dans le cas où des présomptions, soit de contrefaçon, soit de condamnations judiciaires, seront élevées sur les livres présentés, l'admission sera suspendue, les livres seront retenus à la douane, et il en sera référé au ministre de l'intérieur, qui devra prononcer dans un délai de quarante jours.

Les dispositions contenues en cet article sont applicables à tous les ouvrages dont la reproduction a lieu par les procédés de la typographie, de la lithographie ou de la gravure.

Nulle édition ou partie d'édition imprimée en France ne pourra être réimportée qu'en vertu d'une autorisation expresse du ministre de l'intérieur, accordée sur la demande de l'éditeur, qui, pour l'obtenir, devra justifier du consentement donné à la réimportation par les ayants droit.

(*Bulletin des lois*, IX⁰ série, N⁰ 809.)

21.

Ordonnance du 13 décembre 1842, relative à l'importation et au transit des livres et des gravures.

Louis-Philippe, roi des Français,

A tous présents et à venir, salut;

Sur le rapport de notre ministre secrétaire d'État au département de l'intérieur;

Vu l'article 8 de la loi du 6 mai 1841, relative aux douanes,

Avons ordonné et ordonnons ce qui suit :

Art. 1ᵉʳ. Le certificat d'origine prescrit par l'article 8 de la loi du 6 mai 1841 [1], et sous la garantie duquel jouiront du

1. Voir l'article 8 de la loi du 6 mai 1841 (p. 26).

transit et seront reçus à l'importation les livres en langue française dont la propriété est établie à l'étranger, ou qui seront une édition étrangère d'ouvrages français tombés dans le domaine public, sera souscrit par l'expéditeur, confirmé et dûment légalisé par l'autorité administrative du lieu de l'expédition.

Il sera placé dans le colis, au-dessus des livres auxquels il se rapportera, et de manière à être facilement aperçu.

Art. 2. Les livres en langue française imprimés à l'étranger, les dessins, gravures, lithographies et estampes, avec ou sans texte, ne pourront entrer, soit pour l'acquittement des droits, soit pour le transit, que par les seuls bureaux de douanes qui, dans le tableau annexé à la présente ordonnance, sont marqués d'un astérisque [1].

Art. 3. Seront ouverts à l'importation et au transit de la librairie en langues mortes et étrangères tous les bureaux compris dans le même tableau.

Art. 4. Pourront être importés par ces derniers bureaux, quelle que soit la langue dans laquelle ils auront été imprimés, les livres destinés pour Paris, et les dessins, gravures, lithographies et estampes ayant la même destination : ils seront, après simple reconnaissance sommaire aux bureaux frontières, dirigés, sous double plomb et par acquit-à-caution, sur les bureaux du ministère de l'intérieur, où les colis les renfermant ne seront ouverts et vérifiés qu'en présence des employés des douanes délégués à cet effet. Ceux-ci signeront, conjointement avec les agents du ministère de l'intérieur, les certificats de vérification.

---

1. Tableau des bureaux frontières ouverts à l'importation et au transit de la librairie : Dunkerque, * Lille par Halluin et Baisieux, * Valenciennes par Blancmisseron, Forbach, Sierck, Wissembourg, * Strasbourg, Saint-Louis, Verrières-de-Joux, Chapareillan, *Marseille, Perpignan par le Perthu, Béhobie, * Bayonne, Bordeaux, Nantes, Caen, * le Havre, Rouen, Boulogne, Calais, Ajaccio, * Bastia, Dieppe, * Thionville, Apach, * le Pont de la Caille, * Saint-Jean-de-Maurienne, * Chambéry, * Nice.

L'enlèvement des livres, dessins, gravures, lithographies et estampes ne sera permis qu'après que les droits auront été payés ou garantis.

Art. 5. Les dispositions des trois articles précédents sont applicables, en ce qui concerne les restrictions d'entrée et les expéditions sur Paris, aux livres qui auront été exportés de France, et dont la réimportation, à défaut de vente à l'étranger, aura été autorisée par notre ministre de l'intérieur.

Ces livres ne seront admissibles, sous les conditions énoncées dans la loi précitée, que s'ils sont présentés brochés ou reliés.

Art. 6. La demande en réimportation des livres spécifiés dans l'article qui précède fera connaître le nom et la résidence de l'expéditeur, ainsi que le bureau de douanes par lequel l'introduction aura lieu ; elle sera accompagnée d'une liste certifiée par le pétitionnaire, et indiquant : 1° le titre des ouvrages ; 2° le nom de l'auteur, s'il est connu ; 3° le nom et la demeure de l'éditeur ; 4° le nom et la demeure de l'imprimeur ; 5° la date de l'impression ; 6° le format ; 7° le nombre d'exemplaires.

Les livres servant d'échantillon pourront être réimportés sans autorisation préalable, lorsqu'ils auront été estampillés à la douane de sortie et qu'il n'en sera présenté à la réimportation qu'un seul exemplaire de chaque espèce.

Art. 7. Les dispositions de l'article 1er de la loi du 27 mars 1817, d'après lesquelles les livres qui sont taxés à moins de cent cinquante francs par cent kilogrammes doivent être emballés séparément par espèce, seront dorénavant entendues en ce sens qu'on permettra la réunion de plusieurs espèces dans le même colis, pourvu que chacune d'elles fasse l'objet d'une division bien tranchée : en cas de mélange, le droit le plus élevé sera exigé sur le tout.

Les livres présentés au transit devront, s'ils se composent

de plusieurs espèces, être également emballés conformément à cette disposition, à défaut de quoi ils seront refusés.

ART. 8. Les contrefaçons en librairie, exclues du transit par la loi du 6 mai 1841, ne pourront être reçues dans les entrepôts.

ART. 9. Il sera établi, par les soins du département de l'intérieur, dans chaque bureau frontière ouvert à l'entrée de la librairie en langue française, un agent spécial chargé de procéder, conjointement avec les préposés des douanes, à la vérification des livres venant de l'étranger : cet agent délivrera un certificat de ses opérations.

ART. 10. Nos ministres secrétaires d'État aux départements de l'intérieur et des finances sont chargés, chacun en ce qui le concerne, de l'exécution de la présente ordonnance, qui recevra son application à dater du 1er janvier 1843.

Au palais des Tuileries, le 13 décembre 1842.

LOUIS-PHILIPPE.

Par le Roi :

Le ministre secrétaire d'État au département
de l'intérieur,

T. DUCHATEL.

(*Bulletin des lois*, IXe série, N° 966.)

22.

Loi du 3 août 1844, relative au droit de représentation et d'exécution
des œuvres dramatiques et musicales.

LOUIS-PHILIPPE, roi des Français,

A tous présents et à venir, salut ;

Les chambres ont adopté, nous avons ordonné et ordonnons ce qui suit :

ARTICLE UNIQUE. Les veuves et les enfants des auteurs d'ouvrages dramatiques auront, à l'avenir, le droit d'en autoriser la représentation et d'en conférer la jouissance pendant vingt ans, conformément aux dispositions des articles 39 et 40 du décret impérial du 5 février 1810 [1].

La présente loi, discutée, délibérée et adoptée par la chambre des pairs et par celle des députés, et sanctionnée par nous aujourd'hui, sera exécutée comme loi de l'État.

Donnons en mandement à nos cours et tribunaux, préfets, corps administratifs et tous autres, que les présentes ils gardent et maintiennent, fassent garder, observer et maintenir, et, pour les rendre plus notoires à tous, ils les fassent publier et enregistrer partout où besoin sera ; et, afin que ce soit chose ferme et stable à toujours, nous y avons fait mettre notre sceau.

Fait au palais de Neuilly, le troisième jour du mois d'août 1844.

LOUIS-PHILIPPE.

Par le Roi :

*Le ministre secrétaire d'État au département
de l'intérieur,*

T. DUCHATEL.

(*Bulletin des lois*, IXe série, N° 1128.)

23.

Arrêté du 11 août 1845, défendant en Algérie la vente des ouvrages contrefaits en pays étrangers [2].

Le président du conseil, ministre secrétaire d'État de la guerre,

Vu la loi du 19 juillet 1793, sur la propriété littéraire, et

---

1. Ce terme de vingt ans a été porté à trente ans, après l'extinction des droits de la veuve, par la loi du 8 avril 1854 (p. 36).

2. La représentation et l'exécution des œuvres dramatiques et musicales ne peut avoir lieu en Algérie sans le consentement des auteurs et des compositeurs, attendu que les lois d'un intérêt général qui régissent la France sont de plein droit applicables en Algérie (cour d'appel d'Alger, 11 avril 1850).

les articles 425 à 429 du code pénal, relatifs à la contre-façon ;

Vu le titre 5 de la loi du 28 avril 1816, portant répression de la contrebande ;

Vu l'article 12 de l'ordonnance royale du 16 décembre 1843 ;

Sur la proposition du gouverneur général de l'Algérie,

Arrête :

ART. 1er. *Les imprimeurs, libraires, marchands de gravures et autres de l'Algérie* qui se trouveraient possesseurs ou propriétaires d'ouvrages contrefaits en pays étrangers, seront tenus de produire un état indiquant : 1° le titre et la nature de chaque ouvrage, écrit, composition musicale, dessin, ou toute autre production de ce genre ; 2° le nom de l'auteur ; 3° le nombre d'exemplaires existant encore en leur possession.

Cet état sera déposé aux archives de l'administration civile de la localité.

ART. 2. Lesdits exemplaires devront être représentés au fonctionnaire qui sera délégué à cet effet. Chacun d'eux sera marqué d'une estampille et revêtu de la signature du chef de l'autorité locale.

ART. 3. Cette opération une fois terminée, tous les exemplaires qui seront trouvés dépourvus de la marque énoncée dans l'article précédent seront considérés comme contrefaçon, et ceux qui les mettront dans le commerce seront passibles des peines portées tant par les articles 427 et 429 du code pénal [1] que par les articles 41, 42, 43 et 44 de la loi sur les douanes du 28 avril 1816 [2] et par l'article 16 de l'ordon-

---

1. Voir les articles 427 et 429 du code pénal (p. 18).

2. Aux termes des articles 41, 42, 43 et 44 de la loi du 28 avril 1816, les ouvrages prohibés sont confisqués, et les contrevenants sont condamnés à une amende d'au moins cinq cents francs et en outre à l'emprisonnement.

nance royale du 16 décembre 1843 [1], qui constitue en Algérie la législation des douanes.

ART. 4. Le gouverneur général de l'Algérie est chargé de l'exécution du présent arrêté.

Soultberg, près Saint-Amans-la-Bastide (Tarn), le 11 août 1845.

Maréchal duc DE DALMATIE.

(Bulletin officiel des actes du gouvernement, N° 208.)

24.

Loi du 27 juillet 1849, relative à la presse.

(Extrait.)

ART. 7. Indépendamment du dépôt prescrit par la loi du 21 octobre 1814 [2], tous écrits traitant de matières politiques ou d'économie sociale, et ayant moins de dix feuilles d'impression, autres que les journaux ou écrits périodiques, devront être déposés par l'imprimeur au parquet du procureur de la république du lieu de l'impression, vingt-quatre heures avant toute publication ou distribution.

L'imprimeur devra déclarer, au moment du dépôt, le nombre d'exemplaires qu'il aura tirés. Il sera donné récépissé de la déclaration.

Toute contravention aux dispositions du présent article sera punie, par le tribunal de police correctionnelle, d'une amende de cent à cinq cents francs.

(Bulletin des lois, X^e série, N° 182.)

1. Aux termes de l'ordonnance du 16 décembre 1843, les ouvrages prohibés sont confisqués, et les contrevenants sont condamnés à une amende d'au moins mille francs et en outre à l'emprisonnement.
2. Voir la loi du 21 octobre 1814 (p. 23).

25.

Décret-loi du 17 février 1852, relatif à la presse.

(Extrait.)

ART. 22. Aucuns dessins, aucunes gravures, lithographies, médailles, estampes ou emblèmes, de quelque nature et espèce qu'ils soient, ne pourront être publiés, exposés ou mis en vente sans l'autorisation préalable du ministre de la police à Paris, ou des préfets dans les départements[1].

En cas de contravention, les dessins, gravures, lithographies, médailles, estampes ou emblèmes pourront être confisqués, et ceux qui les auront publiés seront condamnés à un emprisonnement d'un mois à un an et à une amende de cent francs à mille francs.

(*Bulletin des lois*, X^e série, N° 490.)

26.

Décret-loi du 28 mars 1852, relatif aux droits de propriété littéraire et artistique des ouvrages publiés à l'étranger[2].

LOUIS-NAPOLÉON, président de la république française,

Sur le rapport du garde des sceaux, ministre secrétaire d'État au département de la justice,

Vu la loi du 19 juillet 1793, les décrets du 1er germinal an XIII et du 5 février 1810, la loi du 25 prairial an III, et les articles 425, 426, 427 et 429 du code pénal,

1. Pour l'exécution de cet article, le dépôt d'un exemplaire des ouvrages avec gravures et des épreuves des planches gravées est obligatoire, indépendamment du dépôt d'exemplaires prescrit par l'ordonnance du 9 janvier 1828 (p. 25).

2. L'esprit et la généralité des termes du décret du 28 mars étendent le bénéfice de ses dispositions aux ouvrages publiés antérieurement à sa promulgation, alors même qu'ils auraient été réimprimés en France par des tiers avant cette dernière époque (arrêt de la cour impériale de Paris, 8 décem-

Décrète :

Art. 1ᵉʳ. La contrefaçon, sur le territoire français, d'ouvrages publiés à l'étranger, et mentionnés en l'article 425 du code pénal[1], constitue un délit.

Art. 2. Il en est de même du débit, de l'exportation et de l'expédition des ouvrages contrefaits. L'exportation et l'expédition de ces ouvrages sont un délit de la même espèce que l'introduction sur le territoire français d'ouvrages qui, après avoir été imprimés en France, ont été contrefaits chez l'étranger.

Art. 3. Les délits prévus par les articles précédents seront réprimés conformément aux articles 427 et 429 du code pénal[2].

bre 1853). Ainsi aucun ouvrage et aucune œuvre publiés à l'étranger, même avant le 28 mars, ne peuvent être reproduits en France, tant que la loi française en garantit la propriété ; le débit des réimpressions faites et introduites en France avant le 28 mars est seul autorisé. Toutefois, il est permis de faire de nouveaux tirages sur les planches de musique gravées antérieurement au décret-loi du 28 mars, par ce motif que, dans le commerce de la musique, une édition c'est l'usure, par des tirages successifs, des planches sur lesquelles sont gravées lesdites œuvres (jugement du tribunal de la Seine, 16 décembre 1857).

Les droits conférés par le décret-loi du 28 mars aux auteurs d'ouvrages publiés à l'étranger sont définis et réglés par la législation française ; ils ne sauraient l'être par les législations respectives de chaque État. Ces auteurs sont assimilés aux auteurs d'ouvrages publiés en France ; ils ne peuvent être traités d'une manière plus favorable. Cependant, lorsqu'une convention a été conclue avec un État, ce traité modifie les effets du décret-loi du 28 mars, et les droits des auteurs des ouvrages publiés dans cet État sont réglés en France par la convention intervenue. Le décret-loi du 28 mars ne donne pas le droit aux auteurs d'ouvrages publiés à l'étranger de jouir des bénéfices résultant, en pays étrangers, des conventions internationales ; ils n'en peuvent profiter que lorsque leurs œuvres ont été publiées originairement en France.

Le décret-loi du 28 mars est spécial au droit de publication des œuvres littéraires et artistiques, et ne s'étend pas au droit de représentation et d'exécution des œuvres dramatiques et musicales (cour de cassation, 14 décembre 1857).

1. Voici l'énumération des ouvrages mentionnés à l'article 425 du code pénal : « Toute édition d'écrits, de composition musicale, de dessin, de « peinture ou de toute autre production imprimée ou gravée en entier ou en « partie, au mépris des lois et règlements relatifs à la propriété des auteurs. »

2. Voir les articles 427 et 429 du code pénal (p. 18).

3.

L'article 463 du même code pourra être appliqué[1].

ART. 4. Néanmoins, la poursuite ne sera admise que sous l'accomplissement des conditions exigées relativement aux ouvrages publiés en France, notamment par l'article 6 de la loi du 19 juillet 1793[2].

ART. 5. Le garde des sceaux, ministre secrétaire d'État au département de la justice, est chargé de l'exécution du présent décret.

Fait au palais des Tuileries, le 28 mars 1852.

LOUIS-NAPOLÉON.

Le garde des sceaux, ministre secrétaire d'État
au département de la justice,

ABATUCCI.

(*Bulletin des lois*, X^e série, N° 510.)

27.

Loi du 8 avril 1854, relative à la propriété littéraire et artistique et au droit de représentation et d'exécution des œuvres dramatiques et musicales[3].

NAPOLÉON, par la grâce de Dieu et la volonté nationale, empereur des Français,

A tous présents et à venir, salut,

Avons sanctionné et sanctionnons, promulgué et promulguons ce qui suit :

1. L'article 463 du code pénal (p. 19) est relatif aux circonstances atténuantes.
2. Les conditions exigées par l'article 6 du décret-loi du 19 juillet 1793 (p. 9) consistent dans le dépôt d'exemplaires ou d'épreuves de chaque ouvrage ou œuvre (voir la note 3 de la page 9). Sont exempts de l'obligation du dépôt les auteurs et artistes des États avec lesquels la France a conclu des conventions dans lesquelles la formalité du dépôt n'est pas prescrite. Voir le résumé de la législation internationale (p. 53).
3. Cette loi modifie les dispositions des lois des 13 janvier 1791 (p. 5), 19 juillet 1793 (p. 7) et 3 août 1844 (p. 30) et du décret-loi du 5 février 1810 (p. 20), en ce qui concerne la durée de la propriété littéraire et artistique et du droit de représentation et d'exécution des œuvres dramatiques et musicales.

LOI.

(Extrait du procès-verbal du Corps législatif.)

Le Corps législatif a adopté le projet de loi dont la teneur suit :

ARTICLE UNIQUE. Les veuves des auteurs, des compositeurs et des artistes jouiront pendant toute leur vie des droits garantis par les lois des 13 janvier 1791 et 19 juillet 1793, le décret du 5 février 1810, la loi du 3 août 1844 et les autres lois ou décrets sur la matière [1].

La durée de la jouissance accordée aux enfants par ces mêmes lois et décrets est portée à trente ans, à partir, soit du décès de l'auteur, compositeur ou artiste, soit de l'extinction des droits de la veuve [2].

Délibéré en séance publique à Paris, le 8 mars 1854.

Le président, BILLAULT.

Les secrétaires, JOACHIM MURAT, ED. DALLOZ,
baron ESCHASSÉRIAUX.

(Extrait du procès-verbal du Sénat.)

Le Sénat ne s'oppose pas à la promulgation de la loi relative au droit de propriété garanti aux veuves et aux enfants des auteurs, des compositeurs et des artistes.

Délibéré en séance au palais du Sénat, le 3 avril 1854.

Le président, TROPLONG.

Les secrétaires, comte DE LA RIBOISIÈRE,
AM. THAYER, baron T. DE LACROSSE.

Vu et scellé du sceau du Sénat :

Baron T. DE LACROSSE.

1. Voir les lois des 13 janvier 1791 (p. 5), 19 juillet 1793 (p. 7) et 3 août 1844 (p. 30), et le décret-loi du 5 février 1810 (p. 20).

2. Au sujet des droits de la veuve et des enfants, voir les notes 1 et 2 de la page 20.

Mandons et ordonnons que les présentes, revêtues du sceau de l'État et insérées au *Bulletin des lois*, soient adressées aux cours, aux tribunaux et aux autorités administratives, pour qu'ils les inscrivent sur leurs registres, les observent et les fassent observer, et notre ministre secrétaire d'État au département de la justice est chargé d'en surveiller la publication.

Fait au palais des Tuileries, le 8 avril 1854.

NAPOLÉON.

Par l'Empereur :

Le ministre d'État,

ACHILLE FOULD.

(*Bulletin des lois*, XIe série, N° 155.)

28.

Loi du 23 juin 1857, relative aux marques de fabrique.

(Extraits.)

NAPOLÉON, par la grâce de Dieu et la volonté nationale, empereur des Français,

A tous présents et à venir, salut.

Avons sanctionné et sanctionnons, promulgué et promulguons ce qui suit :

LOI.

(Extrait du procès-verbal du Corps législatif.)

Le Corps législatif a adopté le projet de loi dont la teneur suit :

TITRE Ier. *Du droit de propriété des marques.*

ART. 1er. La marque de fabrique ou de commerce est facultative.

Toutefois, des décrets, rendus en la forme des règlements d'administration publique, peuvent exceptionnellement la déclarer obligatoire pour les produits qu'ils déterminent.

Sont considérés comme marques de fabrique et de commerce les noms sous une forme distinctive, les dénominations, emblèmes, empreintes, timbres, cachets, vignettes, reliefs, lettres, chiffres, enveloppes et tous autres signes servant à distinguer les produits d'une fabrique ou les objets d'un commerce.

Art. 2. Nul ne peut revendiquer la propriété exclusive d'une marque, s'il n'a déposé deux exemplaires du modèle de cette marque au greffe du tribunal de commerce de son domicile [1].

Art. 3. Le dépôt n'a d'effet que pour quinze années.

La propriété de la marque peut toujours être conservée pour un nouveau terme de quinze années au moyen d'un nouveau dépôt.

. . . .

Titre II. *Dispositions relatives aux étrangers.*

Art. 5. Les étrangers qui possèdent en France des établissements d'industrie ou de commerce jouissent, pour les produits de leurs établissements, du bénéfice de la présente loi, en remplissant les formalités qu'elle prescrit.

Art. 6. Les étrangers et les Français dont les établissements sont situés hors de France jouissent également du bénéfice de la présente loi pour les produits de ces établissements, si, dans les pays où ils sont situés, des conventions diplomatiques ont établi la réciprocité pour les marques françaises.

Dans ce cas, le dépôt des marques étrangères a lieu au greffe du tribunal de commerce du département de la Seine.

1. Les formalités à remplir pour effectuer ce dépôt ont été réglées par un décret du 26 juillet 1858 (p. 47).

Titre III. *Pénalités.*

Art. 7. Sont punis d'une amende de cinquante francs à trois mille francs et d'un emprisonnement de trois mois à trois ans, ou de l'une de ces peines seulement :

1° Ceux qui ont contrefait une marque ou fait usage d'une marque contrefaite ;

2° Ceux qui ont frauduleusement apposé sur leurs produits ou les objets de leur commerce une marque appartenant à autrui ;

3° Ceux qui ont sciemment vendu ou mis en vente un ou plusieurs produits revêtus d'une marque contrefaite ou frauduleusement apposée.

Art. 8. Sont punis d'une amende de cinquante francs à deux mille francs et d'un emprisonnement d'un mois à un an, ou de l'une de ces peines seulement :

1° Ceux qui, sans contrefaire une marque, en ont fait une imitation frauduleuse de nature à tromper l'acheteur, ou ont fait usage d'une marque frauduleusement imitée ;

2° Ceux qui ont fait usage d'une marque portant des indications propres à tromper l'acheteur sur la nature du produit ;

3° Ceux qui ont sciemment vendu ou mis en vente un ou plusieurs produits revêtus d'une marque frauduleusement imitée ou portant des indications propres à tromper l'acheteur sur la nature du produit.

. . . .

Art. 10. Les peines établies par la présente loi ne peuvent être cumulées.

La peine la plus forte est seule prononcée pour tous les faits antérieurs au premier acte de poursuite.

Art. 11. Les peines portées aux articles ci-dessus peuvent être élevées au double en cas de récidive.

Il y a récidive lorsqu'il a été prononcé contre le prévenu,

dans les cinq années antérieures, une condamnation pour un des délits prévus par la présente loi.

Art. 12. L'article 463 du code pénal [1] peut être appliqué aux délits prévus par la présente loi.

Art. 13. Les délinquants peuvent, en outre, être privés du droit de participer aux élections des tribunaux et des chambres de commerce, des chambres consultatives des arts et manufactures et des conseils de prud'hommes, pendant un temps qui n'excédera pas dix ans.

Le tribunal peut ordonner l'affiche du jugement dans les lieux qu'il détermine et son insertion intégrale ou par extrait dans les journaux qu'il désigne, le tout aux frais du condamné.

Art. 14. La confiscation des produits dont la marque serait reconnue contraire aux dispositions des articles 7 et 8 peut, même en cas d'acquittement, être prononcée par le tribunal, ainsi que celle des instruments et ustensiles ayant spécialement servi à commettre le délit.

Le tribunal peut ordonner que les produits confisqués soient remis aux propriétaires de la marque contrefaite ou frauduleusement apposée ou imitée, indépendamment de plus amples dommages-intérêts, s'il y a lieu.

Il prescrit, dans tous les cas, la destruction des marques reconnues contraires aux dispositions des articles 7 et 8.

. . . .

Titre IV. *Juridictions.*

Art. 16. Les actions civiles relatives aux marques sont portées devant les tribunaux civils et jugées comme matières sommaires.

En cas d'action intentée par la voie correctionnelle, si le prévenu soulève pour sa défense des questions relatives à la

1. Voir l'article 463 du code pénal (p. 19).

propriété de la marque, le tribunal de police correctionnelle statue sur l'exception.

Art. 17. Le propriétaire d'une marque peut faire procéder par tous huissiers à la description détaillée, avec ou sans saisie, des produits qu'il prétend marqués à son préjudice en contravention aux dispositions de la présente loi, en vertu d'une ordonnance du président du tribunal civil de première instance, ou du juge de paix du canton, à défaut du tribunal dans le lieu où se trouvent les produits à décrire ou à saisir.

L'ordonnance est rendue sur simple requête et sur la présentation du procès-verbal constatant le dépôt de la marque. Elle contient, s'il y a lieu, la nomination d'un expert, pour aider l'huissier dans sa description.

Lorsque la saisie est requise, le juge peut exiger du requérant un cautionnement, qu'il est tenu de consigner avant de faire procéder à la saisie.

Il est laissé copie aux détenteurs des objets décrits ou saisis de l'ordonnance et de l'acte constatant le dépôt du cautionnement, le cas échéant; le tout à peine de nullité et de dommages-intérêts contre l'huissier.

Art. 18. A défaut par le requérant de s'être pourvu, soit par la voie civile, soit par la voie correctionnelle, dans le délai de quinzaine, outre un jour par cinq myriamètres de distance entre le lieu où se trouvent les objets décrits ou saisis et le domicile de la partie contre laquelle l'action doit être dirigée, la description ou saisie est nulle de plein droit, sans préjudice des dommages-intérêts qui peuvent être réclamés, s'il y a lieu.

Titre V. *Dispositions générales ou transitoires.*

Art. 19. Tous produits étrangers portant soit la marque, soit le nom d'un fabricant résidant en France, soit l'indication du nom ou du lieu d'une fabrique française, sont prohibés à l'entrée et exclus du transit et de l'entrepôt, et peuvent être saisis, en quelque lieu que ce soit, soit à la diligence de l'administration des douanes, soit à la requête du ministère public ou de la partie lésée.

Dans le cas où la saisie est faite à la diligence de l'administration des douanes, le procès-verbal de saisie est immédiatement adressé au ministère public.

Le délai dans lequel l'action prévue par l'article 18 devra être intentée, sous peine de nullité de la saisie, soit par la partie lésée, soit par le ministère public, est porté à deux mois.

Les dispositions de l'article 14 sont applicables aux produits saisis en vertu du présent article.

. . . .

Délibéré en séance publique, à Paris, le 12 mai 1857.

Le président, SCHNEIDER.

Les secrétaires, comte JOACHIM MURAT, marquis DE CHAUMONT-QUITRY, TESNIÈRE, ED. DALLOZ.

(Extrait du procès-verbal du Sénat.)

Le Sénat ne s'oppose pas à la promulgation de la loi relative aux marques de fabrique et de commerce.

Délibéré et voté en séance, au palais du Sénat, le 4 juin 1857.

Le président, TROPLONG.

Les secrétaires, A. duc DE PADOUE, le comte LE MAROIS, baron T. DE LACROSSE.

Vu et scellé du sceau du Sénat :

Baron T. DE LACROSSE.

Mandons et ordonnons que les présentes, revêtues du sceau de l'État et insérées au *Bulletin des lois*, soient adressées aux cours, aux tribunaux et aux autorités administratives, pour qu'ils les inscrivent sur leurs registres, les observent et les fassent observer, et notre ministre secrétaire d'État au département de la justice est chargé d'en surveiller la publication.

Fait au palais de Saint-Cloud, le 23 juin 1857.

NAPOLÉON.

Par l'Empereur :

Le ministre d'État,

ACHILLE FOULD.

(*Bulletin des lois*, XIe série, N° 514.)

29.

Décret du 9 décembre 1857, déclarant exécutoire dans les colonies françaises la législation des droits de propriété littéraire et artistique.

NAPOLÉON, par la grâce de Dieu et la volonté nationale, empereur des Français,

A tous présents et à venir, salut.

Sur le rapport de notre ministre secrétaire d'État de la marine et des colonies ;

Vu les articles 6 et 18 du sénatus-consulte du 3 mai 1854, qui règle la constitution des colonies ;

Vu l'avis du comité consultatif des colonies, en date du 30 novembre 1857,

Avons décrété et décrétons ce qui suit :

ART. 1er. Sont déclarées exécutoires dans les colonies de la Martinique, de la Guadeloupe, de la Guyane française, de la

Réunion, du Sénégal, de Gorée, des établissements français dans l'Inde et dans l'Océanie, les lois qui régissent la propriété littéraire et artistique dans la métropole, savoir :

1° Les articles 2, 3, 4 et 5 de la loi du 13 janvier 1791, relative à la propriété des œuvres dramatiques ;

2° Les articles 1er et 2 de la loi du 19 juillet 1791, sur les droits des auteurs de productions dramatiques ;

3° Le décret du 19 juillet 1793, relatif à la propriété littéraire et artistique ;

4° Les articles 2 et 3 du décret du 1er septembre 1793, relatif à la propriété des ouvrages dramatiques ;

5° Le décret du 25 prairial an III (13 juin 1795), relatif aux autorités chargées de constater les délits de contrefaçon ;

6° Le décret impérial du 1er germinal an XIII (22 mars 1805), relatif à la propriété des œuvres posthumes ;

7° Les articles 10, 11 et 12 du décret impérial du 8 juin 1806, relatif à la représentation des œuvres dramatiques posthumes ;

8° Le décret impérial du 20 février 1809, relatif à l'impression des manuscrits des bibliothèques et des établissements publics ;

9° Les articles 39, 41 (1er alinéa et n° 7), 42, 43, 45, 47, du décret impérial du 5 février 1810, relatif à l'imprimerie et à la propriété littéraire ;

10° Les articles 72 et 73 du décret impérial du 15 octobre 1812, relatif à la représentation des œuvres dramatiques ;

11° La loi du 3 août 1844, relative à la propriété des œuvres dramatiques ;

12° Le décret du 28 mars 1852, relatif à la propriété littéraire et artistique des ouvrages publiés à l'étranger ;

13° La loi du 8 avril 1854, portant extension de la durée des droits de propriété littéraire et artistique.

Art. 2. Notre ministre secrétaire d'État de la marine et des colonies est chargé de l'exécution du présent décret, qui sera inséré au *Bulletin des lois*.

Fait au palais des Tuileries, le 9 décembre 1857.

NAPOLÉON.

Par l'Empereur :

L'amiral ministre secrétaire d'État de la
marine et des colonies,

HAMELIN.

(*Bulletin des lois*, XIe série, N° 570.)

30.

Décret du 1er mai 1858, relatif à l'exécution dans les colonies françaises de la législation des droits de propriété littéraire et artistique.

NAPOLÉON, par la grâce de Dieu et la volonté nationale, empereur des Français, à tous présents et à venir, salut.

Sur le rapport de notre ministre secrétaire d'État de la marine et des colonies ;

Vu les articles 6 et 18 du sénatus-consulte du 3 mai 1854, qui règle la constitution des colonies ;

Vu le décret du 9 décembre 1857, qui a déclaré exécutoires dans ces établissements les lois et actes en vigueur dans la métropole, sur la propriété littéraire et artistique ;

Attendu la nécessité de pourvoir dans les colonies aux détails administratifs que comporte cette législation ;

Vu l'avis du comité consultatif des colonies, en date du 30 novembre 1857,

Avons décrété et décrétons ce qui suit :

Art. 1er. Toutes les attributions réservées aux ministres et aux préfets par les lois précitées, que notre décret du

9 décembre 1857 [1] a déclarées applicables aux colonies, sont dévolues dans ces établissements aux gouverneurs et directeurs de l'intérieur.

ART. 2. Notre ministre secrétaire d'État au département de la marine et des colonies est chargé de l'exécution du présent décret, qui sera inséré au *Bulletin des lois*.

Fait au palais des Tuileries, le 1er mai 1858.

NAPOLÉON.

Par l'Empereur :

L'amiral ministre secrétaire d'État de la marine et des colonies,

HAMELIN.

(*Bulletin des lois*, XIe série, N° 603.)

31.

Décret du 26 juillet 1858, relatif au dépôt des marques de fabrique.

NAPOLÉON, par la grâce de Dieu et la volonté nationale, empereur des Français,

A tous présents et à venir, salut.

Sur le rapport de notre ministre secrétaire d'État au département de l'agriculture, du commerce et des travaux publics,

Vu l'article 22 de la loi du 23 juin 1857, sur les marques de fabrique et de commerce, ainsi conçu :

« Un règlement d'administration publique déterminera les « formalités à remplir pour le dépôt et la publicité des marques « et toutes les autres mesures nécessaires pour l'exécution de « la loi ; »

1. Voir le décret du 9 décembre 1857 (p. 44).

Notre conseil d'État entendu ,

Avons décrété et décrétons ce qui suit :

Art. 1er. Le dépôt que les fabricants, commerçants ou agriculteurs peuvent faire de leur marque au greffe du tribunal de commerce de leur domicile, ou, à défaut de tribunal de commerce, au greffe du tribunal civil, pour jouir des droits résultant de la loi du 23 juin 1857 [1], est soumis aux dispositions suivantes.

Art. 2. Ce dépôt doit être fait par la partie intéressée ou par son fondé de pouvoir spécial.

La procuration peut être sous seing privé, mais enregistrée; elle doit être laissée au greffier.

Le modèle à fournir consiste en deux exemplaires, sur papier libre, d'un dessin, d'une gravure ou d'une empreinte représentant la marque adoptée.

Le papier forme un carré de dix-huit centimètres de côté, dont le modèle occupe le milieu.

Art. 3. Si la marque est en creux ou en relief sur les produits, si elle a dû être réduite pour ne pas excéder les dimensions du papier, ou si elle présente quelque autre particularité, le déposant l'indique sur les deux exemplaires, soit par une ou plusieurs figures de détail, soit au moyen d'une légende explicative.

Ces indications doivent occuper la gauche du papier où est figurée la marque; la droite est réservée aux mentions prescrites à l'article 5, conformément au modèle annexé au présent décret.

Art. 4. Un des deux exemplaires de la marque est collé par le greffier sur une des feuilles d'un registre tenu à cet effet et dans l'ordre des présentations. L'autre est transmis dans les cinq jours, au plus tard, au ministre de l'agriculture, du

1. Voir la loi du 23 juin 1857 (p. 38).

commerce et des travaux publics, pour être déposé au Conservatoire impérial des arts et métiers.

Le registre est en papier libre du format de vingt-quatre centimètres de largeur sur quarante de hauteur, coté et parafé par le président du tribunal de commerce ou du tribunal civil, suivant les cas.

ART. 5. Le greffier dresse le procès-verbal du dépôt dans l'ordre des présentations, sur un registre en papier timbré, coté et parafé comme il est dit à l'article précédent. Il indique dans ce procès-verbal : 1° le jour et l'heure du dépôt; 2° le nom du propriétaire de la marque et celui de son fondé de pouvoir; 3o la profession du propriétaire, son domicile et le genre d'industrie pour lequel il a l'intention de se servir de la marque.

Chaque procès-verbal porte un numéro d'ordre. Ce numéro est également inscrit sur les deux modèles, ainsi que le nom, le domicile ou la profession du propriétaire de la marque, le lieu et la date du dépôt, et le genre d'industrie auquel la marque est destinée.

Lorsque, au bout de quinze ans, le propriétaire d'une marque en fait un nouveau dépôt, cette circonstance doit être mentionnée sur les modèles et dans le procès-verbal de dépôt.

Le procès-verbal et les modèles sont signés par le greffier et par le déposant ou par son fondé de pouvoir.

Une expédition du procès-verbal de dépôt est délivrée au déposant.

ART. 6. Il est dû au greffier, outre le droit fixe d'un franc pour le procès-verbal de dépôt de chaque marque, y compris le coût de l'expédition, le remboursement des droits de timbre et d'enregistrement. Le remboursement du timbre du procès-verbal est fixé à trente-cinq centimes.

Toute expédition délivrée après la première donne également lieu à la perception d'un franc au profit du greffier.

ART. 7. Le greffier du tribunal de commerce du département de la Seine, chargé, dans le cas prévu par l'article 6 de la loi du 23 juin 1857, de recevoir le dépôt des marques des étrangers et des Français dont les établissements sont situés hors de France, doit en former un registre spécial, et mentionner, dans le procès-verbal de dépôt, le pays où est situé l'établissement industriel, commercial ou agricole du propriétaire de la marque, ainsi que la convention diplomatique par laquelle la réciprocité a été établie.

ART. 8. Au commencement de chaque année, les greffiers dressent sur papier libre, et d'après le modèle donné par le ministre de l'agriculture, du commerce et des travaux publics, une table ou répertoire des marques dont ils ont reçu le dépôt pendant le cours de l'année précédente.

ART. 9. Les registres, procès-verbaux et répertoires déposés dans les greffes, ainsi que les modèles réunis au dépôt central du Conservatoire impérial des arts et métiers, sont communiqués sans frais.

ART. 10. Notre ministre de l'agriculture, du commerce et des travaux publics, et notre garde des sceaux, ministre de la justice, sont chargés, chacun en ce qui le concerne, de l'exécution du présent décret.

Fait à Plombières, le 26 juillet 1858.

NAPOLÉON.

Par l'Empereur :

Le ministre secrétaire d'État au département de l'agriculture, du commerce et des travaux publics,

E. ROUHER.

(*Bulletin des lois*, XIᵉ série, Nᵒ 625.)

32.

**Décret du 19 novembre 1859, relatif au Théâtre Français et aux droits
de représentation des auteurs.**

(Extrait.)

Art. 1er. L'article 72 du décret du 15 octobre 1812 [1]
est modifié ainsi qu'il suit :

« Art. 72. La part d'auteur dans le produit brut des recettes est de quinze pour cent par soirée, à répartir entre les
ouvrages, tant anciens que modernes, faisant partie de la
composition du spectacle, conformément au tableau suivant :

```
Une pièce seule. . . . . . . . . . . . . . . . . .   15 pour 100.
Deux pièces égales. . . . . . .   7 1/2 chacune     15   —
Quatre ou cinq actes. . . . . . 11        —    ⎫  15   —
Un ou deux actes. . . . . . . .  4        —    ⎭
Quatre ou cinq actes. . . . . .  9        —    ⎫  15   —
Trois actes. . . . . . . . . . .  6        —    ⎭
Trois actes. . . . . . . . . . . 10        —    ⎫  15   —
Un ou deux actes . . . . . . .  5        —    ⎭
Trois pièces égales. . . . . . .  5        —       15   —
Quatre ou cinq actes. . . . . .  8        —    ⎫
Un ou deux actes . . . . . . .  3 1/2     —    ⎬  15   —
Un ou deux actes . . . . . . .  3 1/2     —    ⎭
Quatre ou cinq actes. . . . . .  7        —    ⎫
Trois actes. . . . . . . . . . .  5        —    ⎬  15   —
Un ou deux actes . . . . . . .  3        —    ⎭
Trois actes. . . . . . . . . . .  7        —    ⎫
Un ou deux actes . . . . . . .  4        —    ⎬  15   —
Un ou deux actes . . . . . . .  4        —    ⎭
Trois actes. . . . . . . . . . .  5 1/2     —    ⎫
Trois actes. . . . . . . . . . .  5 1/2     —    ⎬  15   —
Un ou deux actes. . . . . . . .  4        —    ⎭
```

« Cependant les auteurs et les comédiens pourront faire
toute autre convention de gré à gré, à la condition de ne

1. Voir l'article 72 du décret-loi du 15 octobre 1812 (p. 22).

4.

pas réduire les droits d'auteur fixés dans le tableau précédent. »

(Bulletin des lois, XIe série, N° 745.)

33.

Décret du 2 juillet 1860, déclarant applicable aux départements annexés la législation des droits de propriété littéraire et artistique.

(Extrait.)

ART. 1er. Les lois, ordonnances et décrets relatifs à la presse, à l'imprimerie, à la librairie, à la propriété littéraire et au colportage sont applicables aux nouveaux départements de la Savoie, de la Haute-Savoie et des Alpes-Maritimes.

(Bulletin des lois, XIe série, N° 849.)

RÉSUMÉ

DU DROIT INTERNATIONAL FRANÇAIS

DE LA PROPRIÉTÉ LITTÉRAIRE ET ARTISTIQUE.

ALLEMAGNE (Confédération germanique). — Dix-huit États de la Confédération germanique ont conclu des conventions avec la France, ou ont reconnu et admis le principe de réciprocité ; ce sont : le Grand-Duché de Bade, le Duché de Brunswick, le Royaume de Danemark, la Ville de Hambourg, le Royaume de Hanovre, l'Électorat de Hesse-Cassel, le Grand-Duché de Hesse-Darmstadt, le Landgraviat de Hesse-Hombourg, le Duché de Nassau, le Grand-Duché d'Oldenbourg, le Royaume des Pays-Bas, les Principautés de Reuss-Greitz et de Reuss-Strélitz, le Royaume de Saxe, le Grand-Duché de Saxe-Weimar-Eisenach, les Principautés de Schwarzbourg-Rudolstadt et de Schwarzbourg-Sondershausen, la Principauté de Waldeck. — Voir au nom de chaque État.

ANGLETERRE (Grande-Bretagne et Irlande). — Convention du 3 novembre 1851, promulguée le 22 janvier 1852, résiliable d'année en année à partir de 1862. — Elle concerne les œuvres d'esprit ou d'art et la reproduction ou exécution des œuvres dramatiques et musicales ; mais elle n'est applicable qu'aux œuvres parues postérieurement au 22 janvier 1852. — Le droit exclusif de traduction appartient pour cinq années à l'auteur ou à l'éditeur, lorsqu'il en a fait la réserve sur la page de titre, et s'il fait publier une traduction en partie dans le délai d'un an et en totalité dans celui de trois ans ; ce délai n'est que de trois mois pour les œuvres dramatiques. — La reproduction des articles non politiques des journaux et écrits périodiques est interdite, lorsque l'on a déclaré dans le journal qu'on en interdit la reproduction. — L'enregistrement et le dépôt d'un exemplaire des ouvrages originaux et des traductions sont obligatoires, dans les trois mois de la première publication, à l'hôtel de la Corporation des libraires à Londres pour les publications françaises, et au ministère de l'intérieur à Paris pour les publications anglaises. — Cette convention est applicable à toutes les possessions britanniques.

(Insérée au *Bulletin des lois*, X^e série, N° 481, année 1852.)

BADE (Grand-Duché). — Deux conventions, conclues les 3 avril 1854 et 2 juillet 1857, et promulguées les 30 mai 1854 et 26 août 1857, valables pendant six années (1857-1863) et pendant six autres années encore (1863-1869), si l'un des États contractants ne les a pas dénoncées six mois à l'avance. — Elles concernent les œuvres d'esprit ou d'art et la représentation ou exécution des œuvres dramatiques et musicales, et elles sont applicables aux œuvres parues antérieurement et postérieurement au 30 mai 1854. — Le droit exclusif de traduction appartient pour cinq années à l'auteur ou à l'éditeur, lorsqu'il en a fait la réserve en tête de l'ouvrage, et s'il fait publier une traduction en partie dans le délai d'un an et en totalité dans celui de trois ans ; ce délai n'est que de trois mois pour les œuvres dramatiques. — La reproduction et la traduction des articles non politiques des journaux et écrits périodiques sont interdites, lorsque l'on a déclaré dans le journal qu'on en interdit la reproduction et la traduction. — Il n'y a pas d'obligation d'un enregistrement spécial ni de dépôt d'exemplaires.

(Insérées au *Bulletin des lois*, XIe série, N° 181, année 1854, et N° 537, année 1857.)

BELGIQUE. — Conventions du 22 août 1852, avec deux articles additionnels des 27 février et 12 avril 1854, et du 1er mai 1861, avec un article additionnel du 27 mai 1861, promulguées les 13 avril 1854 et 27 mai 1861, résiliables d'année en année à partir de 1871. — Elles concernent les œuvres d'esprit ou d'art et la représentation ou exécution des œuvres dramatiques et musicales, et elles sont applicables aux œuvres parues antérieurement et postérieurement au 12 mai 1854 ; toutefois, à l'égard du droit de représentation ou exécution des œuvres dramatiques et musicales, elles ne sont applicables qu'aux œuvres représentées ou exécutées postérieurement au 12 mai 1854. — Le droit exclusif de traduction appartient pour cinq années à l'auteur ou à l'éditeur, lorsqu'il en a fait la réserve en tête de l'ouvrage, et s'il fait publier une traduction en partie dans le délai d'un an et en totalité dans celui de trois ans; ce délai n'est que de trois mois pour les œuvres dramatiques. — La publication de chrestomathies françaises destinées aux écoles est permise, sans accompagnement de notes. — La reproduction des articles non politiques de journaux et écrits périodiques est interdite, lorsque l'on a déclaré dans le journal qu'on en interdit la reproduction. — L'enregistrement et le dépôt d'un exemplaire des ouvrages originaux et des traductions sont obligatoires, dans les trois mois de la première publication, à la chancellerie belge à Paris ou au ministère de l'intérieur à Bruxelles pour les publications françaises, et à la chancellerie française à Bruxelles ou au ministère de l'intérieur à Paris pour les publications belges.

(Insérées au *Bulletin des lois*, XIe série, N° 157, année 1854, et XIe série, N° 933, année 1861.)

BRUNSWICK (Duché). — Convention du 8 août 1852, promulguée le 19 octobre 1852, valable aussi longtemps que le décret français du 28 mars 1852 sera en vigueur.

— Elle concerne les œuvres d'esprit ou d'art et la représentation ou exécution des œuvres dramatiques et musicales, et elle est applicable aux œuvres parues antérieurement et postérieurement au 19 octobre 1852. — Aucune prescription n'existe au sujet du droit exclusif de traduction et des journaux. — Il n'y a pas d'obligation d'un enregistrement spécial ni de dépôt d'exemplaires.

(Insérée au *Bulletin des lois*, X° série, N° 583, année 1852.)

DANEMARK. — Une ordonnance du roi de Danemark, en date du 6 novembre 1858, reconnaît aux auteurs français, à titre de réciprocité, tous droits de propriété sur leurs œuvres publiées originairement en France. — Aucune prescription n'existe au sujet d'un enregistrement et d'un dépôt d'exemplaires.

ESPAGNE. — Convention du 15 novembre 1853, promulguée le 4 février 1854, résiliable d'année en année depuis 1858. — Elle concerne les œuvres d'esprit ou d'art, les ouvrages publiés dans les journaux et la représentation ou exécution des œuvres dramatiques et musicales, et elle est applicable aux œuvres parues antérieurement et postérieurement au 4 février 1854. — La durée de la protection est fixée à vingt ans après la mort de l'auteur pour les héritiers directs ou testamentaires, et à dix ans pour les héritiers collatéraux. — Le droit exclusif de traduction appartient pour cinq années à l'auteur ou à l'éditeur, lorsqu'il en a fait la réserve en tête de l'ouvrage, et s'il fait publier une traduction dans un délai de six mois par volume et de trois mois par livraison ; ce délai n'est que de trois mois pour les œuvres dramatiques. — L'enregistrement et le dépôt de deux exemplaires des ouvrages originaux et des traductions sont obligatoires, dans les trois mois de la première publication, au ministère du *fomento* à Madrid pour les publications françaises, et au ministère de l'intérieur à Paris pour les publications espagnoles. — Il y a obligation réciproque de certificat d'origine pour les envois en France et en Espagne.

(Insérée au *Bulletin des lois*, XI° série, N° 132, année 1854.)

GRÈCE. — L'article 433 du code pénal reconnaît pendant quinze ans, à partir de la première publication, des droits de propriété littéraire et artistique aux auteurs français, en vertu du décret-loi du 28 mars 1852. — Aucune prescription n'existe au sujet d'un enregistrement ou d'un dépôt d'exemplaires.

HAMBOURG (Ville libre). — Convention du 2 mai 1856, promulguée le 8 juillet 1856, résiliable d'année en année à partir de 1866. — Elle concerne les œuvres d'esprit ou d'art et la représentation ou exécution des œuvres dramatiques et musicales, et elle est applicable aux œuvres parues antérieurement et postérieurement au 8 juillet 1856. — Le droit exclusif de traduction appartient pour cinq années à l'auteur ou à l'éditeur, lorsqu'il en a fait la réserve en tête de l'ouvrage, et s'il fait publier une traduction, au moins en partie, dans le délai d'un an. — Il n'y a pas d'obligation d'un enregistrement spécial ni de dépôt d'exemplaires. — Aucune prescription n'existe au sujet des journaux.

(Insérée au *Bulletin des lois*, XI° série, N° 412, année 1856.)

HANOVRE. — Convention du 20 octobre 1851, promulguée le 16 janvier 1852, résiliable d'année en année depuis 1856. — Elle concerne les œuvres d'esprit ou d'art et la représentation ou exécution des œuvres dramatiques et musicales, et elle est applicable aux œuvres parues antérieurement et postérieurement au 16 janvier 1852. — Aucune prescription spéciale n'existe au sujet du droit exclusif de traduction et des journaux. — Il n'y a pas d'obligation d'un enregistrement spécial ni de dépôt d'exemplaires.

(Insérée au *Bulletin des lois*, X° série, N° 480, année 1852.)

HESSE - CASSEL (ÉLECTORAT). — Convention du 7 mai 1853, promulguée le 25 août 1853, résiliable d'année en année depuis 1859. — Elle concerne les œuvres d'esprit ou d'art et la représentation ou exécution des œuvres dramatiques et musicales, et elle est applicable aux œuvres parues antérieurement et postérieurement au 25 août 1853. — Aucune prescription n'existe au sujet du droit exclusif de traduction et des journaux.—Il n'y a pas d'obligation d'un enregistrement spécial ni de dépôt d'exemplaires.

(Insérée au Bulletin des lois, XIe série, N° 92, année 1853.)

HESSE - DARMSTADT (GRAND-DUCHÉ). — Convention du 18 septembre 1852, promulguée le 23 novembre 1852, résiliable d'année en année depuis 1858. — Elle concerne les œuvres littéraires, les compositions musicales et la représentation ou exécution des œuvres dramatiques et musicales, et elle est applicable aux œuvres parues antérieurement et postérieurement au 23 novembre 1852. — Aucune prescription n'existe au sujet du droit exclusif de traduction et des journaux. — Il n'y a pas d'obligation d'un enregistrement spécial ni de dépôt d'exemplaires. — Nulle stipulation n'a été faite en faveur des œuvres d'art.

(Insérée au Bulletin des lois, X^e série, N° 592, année 1852.)

HESSE-HOMBOURG (LANDGRAVIAT).— Convention du 2 octobre 1852, promulguée le 23 novembre 1852, valable pour six années (1852-1858). — Elle concerne les œuvres littéraires, les compositions musicales et la représentation ou exécution des œuvres dramatiques et musicales, et elle est applicable aux œuvres parues antérieurement et postérieurement au 23 novembre 1852. — Aucune prescription spéciale n'existe au sujet du droit exclusif de traduction et des journaux. — Il n'y a pas d'obligation d'un enregistrement spécial ni de dépôt d'exemplaires. — Nulle stipulation n'a été faite en faveur des œuvres d'art.

(Insérée au *Bulletin des lois*, X^e série, N° 592, année 1852.)

ITALIE (ANCIENS ÉTATS SARDES ET DUCHÉS ITALIENS). — Quatre conventions : trois pour les États Sardes ; une pour le Grand-Duché de Toscane.

Conventions pour les États Sardes, conclues les 28 août 1843, 22 avril 1846 et 5 novembre 1850 et promulguées les 12 octobre 1843, 13 mai 1846 et 10 février 1851, résiliables d'année en d'année depuis 1856. — Elles concernent les œuvres d'esprit ou d'art et la représentation ou exécution des œuvres dramatiques et musicales, et elles sont applicables aux œuvres parues antérieurement et postérieurement au 12 octobre 1843. — La durée de la protection est fixée à vingt ans après la mort de l'auteur. — Le droit exclusif de traduction dans l'idiome du pays appartient à l'auteur ou à l'éditeur, sans limite de temps, lorsqu'il en a fait la réserve en tête de l'ouvrage et qu'il y a mentionné la date du dépôt légal de l'œuvre originale dans le pays d'origine, mais à la condition de faire publier une traduction dans le délai d'un an à partir de la publication complète de l'ouvrage. — La reproduction des articles de journaux et écrits périodiques est interdite, lorsque l'on a déclaré dans le journal qu'on en interdit la reproduction. — Il n'existe pas d'obligation d'un enregistrement spécial ni de dépôt d'exemplaires. — Il y a obligation réciproque de certificats d'origine pour les envois en France et dans les États Sardes.

(Insérées au *Bulletin des lois*, IXe série, N° 1046, année 1843 ; N° 1294, année 1846 ; X^e série, N° 354, année 1851.)

Traité de commerce pour le Grand-Duché de Toscane, conclu le 15 février 1853 et promulgué le 15 mars 1853, résiliable d'année en année depuis 1856. — Il interdit la fabrication de contrefaçon des œuvres d'esprit ou d'art, et il est applicable aux œuvres parues antérieurement et postérieurement au 15 mars 1853.

(Inséré au Bulletin des lois, XIe série, N° 16, année 1853.)

NASSAU (Duché). — Convention du 2 mars 1853, promulguée le 27 avril 1853 et valable pour six années (1853-1859). — Elle concerne les œuvres littéraires, les compositions musicales et la représentation ou exécution des œuvres dramatiques et musicales, et elle est applicable aux œuvres parues antérieurement et postérieurement au 27 avril 1853. — Aucune prescription n'existe au sujet du droit exclusif de traduction et des journaux. — Il n'y a pas d'obligation d'un enregistrement spécial ni de dépôt d'exemplaires. — Nulle stipulation n'a été faite en faveur des œuvres d'art.

(Insérée au Bulletin des lois, XIe série, N° 39, année 1853.)

OLDENBOURG (Grand-Duché). — Convention du 1er juillet 1853, promulguée le 30 novembre 1853, résiliable d'année en année depuis 1859. — Elle concerne les œuvres d'esprit ou d'art et la représentation ou exécution des œuvres dramatiques et musicales, et elle est applicable aux œuvres parues antérieurement et postérieurement au 30 novembre 1853. — Aucune prescription n'existe au sujet du droit exclusif de traduction et des journaux. — Il n'y a pas d'obligation d'un enregistrement spécial ni de dépôt d'exemplaires.

(Insérée au Bulletin des lois, XIe série, N° 109, année 1853.)

PAYS-BAS (Hollande et Luxembourg). — Trois conventions : deux pour les Pays-Bas proprement dits ou la Hollande; une pour le Grand-Duché de Luxembourg.

Conventions pour la Hollande, conclues les 29 mars 1855 et 27 avril 1860 et promulguées les 10 août 1855 et

15 mai 1860, résiliables d'année en année depuis 1859.
— Elles concernent les œuvres littéraires et scientifiques,
et elles sont applicables aux œuvres parues antérieurement
et postérieurement au 20 septembre 1855. — La publication de chrestomathies françaises destinées aux écoles est
permise, pourvu qu'elles contiennent des notes en langue
hollandaise. — Les traductions d'ouvrages nationaux et
étrangers sont assimilées aux ouvrages originaux; cette
disposition n'a pas pour objet d'accorder au premier traducteur d'un ouvrage le droit exclusif de traduction, mais
seulement de protéger le traducteur par rapport à sa propre
traduction.—La reproduction des feuilletons et des articles
non politiques des journaux et écrits périodiques est interdite, lorsque l'on a déclaré dans le journal qu'on en interdit
la reproduction. — Il n'y a pas d'obligation d'un enregistrement spécial ni de dépôt d'exemplaires. — Nulle
stipulation n'a été faite au sujet de la reproduction des
compositions musicales, des œuvres d'art et de la représentation ou exécution des œuvres dramatiques et musicales.

(Insérées au *Bulletin des lois*, XIe série, N° 319, année 1855, et
N° 793, année 1860.)

Convention pour le Grand-Duché de Luxembourg, conclue le 4 juillet 1856 et promulguée le 26 novembre
1856, résiliable d'année en année à partir de 1866. —
Elle concerne les œuvres d'esprit ou d'art et la représentation ou exécution des œuvres dramatiques et musicales,
et elle est applicable aux œuvres parues antérieurement et
postérieurement au 26 novembre 1856. — Aucune prescription n'existe au sujet du droit exclusif de traduction
et des journaux. — Il n'y a pas d'obligation d'un enregistrement spécial ni de dépôt d'exemplaires.

(Insérée au *Bulletin des lois*, XIe série, N° 447, année 1856.)

PORTUGAL. — Convention du 12 avril 1851, promulguée le 27 août 1851, résiliable d'année en année depuis 1857. — Elle concerne les œuvres d'esprit ou d'art et la représentation ou exécution des œuvres dramatiques et musicales, et elle est applicable aux œuvres parues antérieurement et postérieurement au 27 août 1851. — La durée de la protection est fixée à vingt ans au moins après la mort de l'auteur. — Le droit exclusif de traduction appartient à l'auteur ou à l'éditeur, sans limite de temps, lorsqu'il en a fait la réserve en tête de l'ouvrage, et s'il fait publier une traduction dans le délai d'un an par volume : cette réserve du droit de traduction ne s'étend pas aux œuvres dramatiques; mais l'auteur perçoit un droit de représentation pour les œuvres traduites et représentées. — La reproduction et la traduction des articles de journaux et écrits périodiques est interdite, lorsque l'on a déclaré dans le journal qu'on en interdit la reproduction, et si on les fait traduire dans le délai mentionné ci-dessus. — L'enregistrement et le dépôt d'un exemplaire des ouvrages originaux et des traductions sont obligatoires, dans les trois mois de la première publication, à la bibliothèque publique de Lisbonne pour les publications françaises, et au ministère de l'intérieur à Paris pour les publications portugaises. — Il y a obligation réciproque de certificats d'origine pour les envois en France et en Portugal.

(Insérée au Bulletin des lois, X^e série, N° 437, année 1851.)

REUSS-GREITZ (Principauté), branche aînée. — Convention du 24 février 1853, promulguée le 29 avril 1853, valable pour six années (1853-1859). — Elle concerne les œuvres littéraires, les compositions musicales et la représentation ou exécution des œuvres dramatiques et musicales, et elle est applicable aux œuvres parues antérieurement et postérieurement au 29 avril 1853. — Aucune prescription n'existe au sujet du droit exclusif de traduction et des journaux. — Il n'y a pas d'obligation d'un enregistrement spécial ni de dépôt d'exemplaires. — Nulle stipulation n'a été faite en faveur des œuvres d'art.

(Insérée au *Bulletin des lois*, XIe série, N° 41, année 1853.)

REUSS-SCHLEITZ (PRINCIPAUTÉ), BRANCHE CADETTE.— Convention du 30 mars 1853, promulguée le 10 juin 1853, valable pour six années (1853-1859). — Elle concerne les œuvres littéraires, les compositions musicales et la représentation ou exécution des œuvres dramatiques et musicales, et elle est applicable aux œuvres parues antérieurement et postérieurement au 10 juin 1853.—Aucune prescription n'existe au sujet du droit exclusif de traduction et des journaux. — Il n'y a pas d'obligation d'un enregistrement spécial ni de dépôt d'exemplaires. —Nulle stipulation n'a été faite en faveur des œuvres d'art.

(Insérée au *Bulletin des lois*, XIe série, N° 60, année 1853.)

RUSSIE. — Convention du 6 avril 1861, avec article additionnel du même jour, promulguée le 22 mai 1861, exécutoire à partir du 14 juillet 1861, et résiliable d'année en année à partir de 1867. — Elle concerne les œuvres d'esprit et d'art, et elle est applicable aux œuvres parues antérieurement et postérieurement au 14 juillet 1861. — La durée de la protection est fixée à vingt ans après la mort de l'auteur pour les héritiers directs ou testamentaires, et à dix ans pour les héritiers collatéraux. — Les traductions d'ouvrages nationaux ou étrangers sont assimilées aux ouvrages originaux ; cette disposition n'a pas pour objet d'accorder au premier traducteur d'un ouvrage le droit exclusif de traduction, mais seulement de protéger le traducteur par rapport à sa propre traduction. —La reproduction des articles non politiques des journaux et écrits périodiques est interdite, lorsque l'on a déclaré dans le journal qu'on en interdit la reproduction. —Il n'y a pas d'obligation d'un enregistrement spécial ou de dépôt d'exemplaires. — Nulle stipulation n'a été faite au sujet de la représentation ou exécution des œuvres dramatiques ou musicales.

(Insérée au *Bulletin des lois*, XIe série, N° 932, année 1861.)

SAXE ROYALE. — Convention du 19 mai 1856, promulguée le 13 juin 1856, valable pendant six années (1856-1862) et pendant six autres années encore (1862-1868), si l'un des États contractants ne l'a pas dénoncée six mois à l'avance. — Elle concerne les œuvres d'esprit ou d'art et la représentation ou exécution des œuvres dramatiques et musicales, et elle est applicable aux œuvres parues antérieurement et postérieurement au 13 juin 1856. — Le droit exclusif de traduction appartient pour cinq années à l'auteur ou à l'éditeur, lorsqu'il en a fait la réserve en tête de l'ouvrage, et s'il fait publier une traduction en partie dans le délai d'un an et en totalité dans celui de trois ans ; ce délai n'est que de trois mois pour les œuvres dramatiques. — La reproduction et la traduction des articles non politiques des journaux et écrits périodiques est interdite, lorsque l'on a déclaré dans le journal qu'on en interdit la reproduction et la traduction. — L'enregistrement des ouvrages originaux et des traductions est obligatoire, sans dépôt d'exemplaires, à la direction du cercle de Leipsick pour les publications françaises sur la présentation d'un duplicata du dépôt légal de France, et au ministère de l'intérieur à Paris pour les publications saxonnes sur la présentation d'un certificat d'enregistrement au cercle de Leipsick.

(Insérée au *Bulletin des lois*, XIe série, N° 399, année 1856.)

SAXE-WEIMAR-EISENACH (Grand-Duché). — Convention du 17 mai 1853, promulguée le 27 juin 1853, résiliable d'année en année à partir de 1863. — Elle concerne les œuvres d'esprit ou d'art et la représentation ou exécution des œuvres dramatiques et musicales, et elle est applicable aux œuvres parues antérieurement et postérieurement au 27 juin 1853. — Aucune prescription n'existe au sujet du droit exclusif de traduction et des journaux. — Il n'y a pas obligation d'un enregistrement spécial ni de dépôt d'exemplaires.

(Insérée au *Bulletin des lois*, XIe série, N° 65, année 1853.)

SCHWARZBOURG-RUDOLSTADT (PRINCIPAUTÉ). — Convention du 16 décembre 1853, promulguée le 9 février 1854, résiliable d'année en année à partir de 1864. — Elle concerne les œuvres d'esprit ou d'art et la représentation ou exécution des œuvres dramatiques et musicales, et elle est applicable aux œuvres parues antérieurement et postérieurement au 9 février 1854. — Aucune prescription n'existe au sujet du droit exclusif de traduction et des journaux. — Il n'y a point obligation d'un enregistrement spécial ni de dépôt d'exemplaires.

(Insérée au *Bulletin des lois*, XIe série, N° 137, année 1854.)

SCHWARZBOURG-SONDERSHAUSEN (PRINCIPAUTÉ). — Convention du 7 décembre 1853, promulguée le 24 février 1854, résiliable d'année en année à partir de 1864. — Elle concerne les œuvres d'esprit ou d'art et la représentation ou exécution des œuvres dramatiques et musicales, et elle est applicable aux œuvres parues antérieurement et postérieurement au 24 février 1854. — Aucune prescription n'existe au sujet du droit exclusif de traduction et des journaux. — Il n'y a point obligation d'un enregistrement spécial ni de dépôt d'exemplaires.

(Insérée au *Bulletin des lois*, XIe série, N° 143, année 1854.)

SUISSE (CANTON DE GENÈVE). — Convention conclue avec le canton de Genève le 23 novembre 1858, promulguée le 8 janvier 1859, valable pendant six années (1859-1865) et pendant six autres années encore (1865-1871), si l'un des États contractants ne l'a pas dénoncée six mois à l'avance. — Elle concerne les œuvres d'esprit ou d'art, et elle est applicable aux œuvres parues antérieurement et postérieurement au 8 janvier 1859. — Le droit exclusif de traduction appartient pour cinq années à l'auteur ou à l'éditeur, lorsqu'il en a fait la réserve en tête de l'ouvrage, et s'il fait publier une traduction en partie dans le délai d'un an et en totalité dans celui de trois ans. — La reproduction et la traduction des articles non politiques des journaux et écrits périodiques est interdite, lorsque l'on a déclaré dans le journal qu'on en interdit la reproduction et la traduction. — Il n'y a point obligation d'un enregistrement spécial ni de dépôt d'exemplaires. — Nulle stipulation n'a été faite au sujet du droit de représentation ou exécution des œuvres dramatiques et musicales.

(Insérée au *Bulletin des lois*, XI⁰ série, N° 680, année 1859.)

WALDECK (Principauté). — Convention du 4 février 1854, promulguée le 27 avril 1854, valable pour six années (1854-1860). — Elle concerne les œuvres littéraires, les compositions musicales et la représentation ou exécution des œuvres dramatiques et musicales, et elle est applicable aux œuvres parues antérieurement et postérieurement au 27 avril 1854. — Aucune prescription n'existe au sujet du droit exclusif de traduction et des journaux.— Il n'y a point obligation d'un enregistrement spécial ni de dépôt d'exemplaires. — Nulle stipulation n'a été faite en faveur des œuvres d'art.

(Insérée au *Bulletin des lois*, XI⁰ série, N° 165, année 1854.)

RÉSUMÉ

DE LA PROPRIÉTÉ LITTÉRAIRE ET ARTISTIQUE

DANS LES PAYS ÉTRANGERS.

ALLEMAGNE (Confédération Germanique). — *Droit international allemand*. — Convention générale entre les divers États de la Confédération. — *Œuvres littéraires et artistiques*. — Publiées du vivant de l'auteur : sa vie durant et trente ans après sa mort. — Posthumes et anonymes ou pseudonymes : trente ans à dater de la première publication. — Sociétés savantes : trente ans à dater de la première publication. — *Représentations dramatiques et musicales*. — Exécutées du vivant de l'auteur ou après sa mort : dix ans à dater de la première exécution, si l'œuvre représentée n'a pas été reproduite par l'impression. — Aucun droit de représentation pour les œuvres anonymes. Pour plus de détails, voir ci-après chacun des États de la Confédération Germanique.

(Arrêtés fédéraux des 8 juin 1815, 6 septembre 1832, 9 novembre 1837, 22 avril 1841, 19 juin 1845 et 6 novembre 1856.)

ANGLETERRE (Grande-Bretagne et Irlande). — *Livres, plans et cartes*. — Actes officiels et livres liturgiques, publiés par le gouvernement : droit perpétuel. — Ouvrages classiques ou scientifiques, publiés par les universités et colléges : droit perpétuel, à condition d'en conserver la

5.

propriété, de les imprimer avec leurs presses et de les faire enregistrer à l'hôtel de la corporation des libraires à Londres. — Ouvrages littéraires et scientifiques, publiés par tous autres du vivant de l'auteur : sa vie durant et sept ans après sa mort, sans que cette durée puisse être moindre de quarante-deux ans. — Ouvrages posthumes : quarante-deux ans à dater de la première publication. — Obligation d'un enregistrement à l'hôtel de la corporation des libraires à Londres et d'un dépôt d'exemplaires au Musée britannique et aux universités. — Droit au gouvernement d'autoriser après la mort de l'auteur la réimpression d'ouvrages épuisés et non réimprimés par ses représentants. — *Gravures et estampes.* — Publiées du vivant de l'auteur ou après sa mort : vingt-huit ans à dater de la première publication. — Obligation de mettre sur chaque épreuve la date de la publication et le nom du propriétaire de l'œuvre. — *Sculptures et modèles.* — Publiés du vivant de l'auteur ou après sa mort : quatorze ans à dater de la première publication, avec terme additionnel de quatorze autres années lorsque l'auteur est vivant.— Obligation d'un enregistrement au ministère du commerce, à Londres, et de l'inscription, sur les objets de l'enregistrement, de la date de la publication et du nom du propriétaire. — *Représentations dramatiques et musicales.* — Exécutées du vivant de l'auteur : sa vie durant et sept ans après sa mort, sans que cette durée puisse être moindre de quarante-deux ans. — Posthumes : quarante-deux ans à dater de la première exécution. — Obligation d'un enregistrement à l'hôtel de la corporation des libraires à Londres. — *Droit international.* — Admission du principe de réciprocité. — Conventions avec la Belgique (12 août 1854), l'Espagne (7 juillet 1857), la France (3 novembre 1851), la ville de Hambourg (16 août 1853), le Hanovre (4 août 1847), la Sardaigne (30 novembre 1860) et les États allemands suivants : Anhalt-Bernbourg,

Anhalt-Dessau-Coethen, Brunswick, Prusse, Reuss-Greitz, Reuss-Schleitz, Saxe-Altenbourg, Saxe-Cobourg-Gotha, Saxe-Meiningen, Saxe royale, Saxe-Weimar-Eisenach, Schwarzbourg-Rudolstadt et Schwarzbourg-Sondershausen (13 mai 1846 et 14 juin 1855).

> (Actes des règnes de Georges II, Georges III, Guillaume IV et Victoria.)

ANHALT-BERNBOURG (Duché). — *OEuvres littéraires et artistiques*. — Publiées du vivant de l'auteur : sa vie durant et trente ans après sa mort. — Posthumes et anonymes ou pseudonymes : trente ans à dater de la première publication. — Droit au gouvernement d'accorder des priviléges spéciaux. — Obligation de la mention du droit de propriété où du privilége en tête de l'ouvrage.— *Représentations dramatiques et musicales.*—Exécutées du vivant de l'auteur ou après sa mort : dix ans à dater de la première exécution, si l'œuvre représentée n'a pas été reproduite par l'impression. — Aucun droit de représentation pour les œuvres anonymes. — *Droit international.* — Conventions avec l'Allemagne (8 juin 1815 et 6 septembre 1832) et l'Angleterre (13 mai 1846 et 14 juin 1855).

> (Arrêtés de la Confédération Germanique ; ordonnance du 2 décembre 1827.)

ANHALT-DESSAU-COETHEN (Duché). — *OEuvres littéraires et artistiques*. — Publiées du vivant de l'auteur : sa vie durant et celle de ses enfants, sans être moindre de trente ans après sa mort. — Posthumes et anonymes ou pseudonymes : trente ans à dater de la première publication. — Aucun droit exclusif de traduction. — *Représentations dramatiques et musicales.* — Exécutées du vivant de l'auteur ou après sa mort : dix ans à dater de la première exécution, si l'œuvre représentée n'a pas été reproduite par l'impression. — Aucun droit de représentation pour les œuvres anonymes. — *Droit international.* — Admission du principe de réciprocité. — Conventions avec l'Allemagne (8 juin 1815 et 6 septembre 1832) et l'Angleterre (13 mai 1846 et 14 juin 1855).

(Arrêtés de la Confédération Germanique; ordonnances des 24 novembre 1827 et 23 décembre 1828.)

AUTRICHE. — *Œuvres littéraires et artistiques.* — Publiées du vivant de l'auteur : sa vie durant et trente ans après sa mort. — Posthumes et anonymes ou pseudonymes : trente ans à dater de la première publication. — Sociétés savantes approuvées par le gouvernement : cinquante ans à dater de la première publication. — Droit au gouvernement de prolonger ces termes par privilége en faveur de grands ouvrages de science et d'art. — Droit exclusif de traductions réservé à l'auteur, à condition de les publier en même temps que l'original ; en cas contraire, le droit libre de traduction permis après le délai d'une année. — Droit libre d'arrangement d'airs musicaux, après le délai d'une année. — Droit exclusif de reproduction artistique réservé à l'artiste, mais à condition de reproduire son œuvre dans le délai de deux ans ; en cas contraire, droit libre de reproduction. — *Représentations dramatiques et musicales.* — Exécutées du vivant de l'auteur : sa vie durant et dix ans après sa mort. — Œuvres posthumes, anonymes, pseudonymes ou faites en collaboration : dix ans à dater de la première exécution. — *Droit international.* — Admission du principe de réciprocité. — Conventions avec les États Romains, les États Sardes et le canton du Tessin (22 mai 1840). — Dans les provinces faisant partie de la Confédération Germanique, les conventions internationales de l'Allemagne (8 juin 1815 et 6 septembre 1832).

(Arrêtés de la Confédération Germanique; loi du 19 octobre 1846.)

BADE (GRAND-DUCHÉ). — *OEuvres littéraires et artistiques.* — Publiées du vivant de l'auteur : sa vie durant et trente ans après sa mort. — Posthumes et anonymes ou pseudonymes : trente ans à dater de la première publication. — — Sociétés savantes : trente ans à dater de la première publication. — Obligation du dépôt d'un exemplaire des œuvres de littérature et d'art au ministère de l'intérieur. — *Représentations dramatiques et musicales.* — Exécutées du vivant de l'auteur ou après sa mort : dix ans à dater de la première exécution, si l'œuvre représentée n'a pas été reproduite par l'impression. — Aucun droit de représentation pour les ouvrages anonymes. — *Droit international.* — Admission du principe de réciprocité. — Conventions avec l'Allemagne (8 juin 1815 et 6 septembre 1832) et la France (3 avril 1854 et 2 juillet 1857).

(Arrêtés de la Confédération Germanique ; ordonnances des 8 septembre 1806 et 17 septembre 1847.)

BAVIÈRE. — *OEuvres littéraires et artistiques.* — Publiées du vivant de l'auteur : sa vie durant et trente ans après sa mort. — Posthumes et anonymes ou pseudonymes : trente ans à dater de la première publication. — Sociétés savantes autorisées : trente ans à dater de la première publication. — Droit au gouvernement d'accorder des priviléges spéciaux. — Obligation du dépôt de deux exemplaires des œuvres de littérature et d'art au ministère de l'intérieur. — *Représentations dramatiques et musicales.* — Exécutées du vivant de l'auteur ou après sa mort : dix ans à dater de la première exécution, si l'œuvre représentée n'a pas été reproduite par l'impression. — Aucun droit de représentation pour les ouvrages anonymes. — *Droit international.* — Admission du principe de réciprocité. — Conventions avec l'Allemagne (8 juin 1815 et 6 septembre 1832).

(Arrêtés de la Confédération Germanique ; loi du 15 avril 1840.)

BELGIQUE. — *OEuvres littéraires*. — Publiées du vivant de l'auteur : sa vie durant et vingt ans après sa mort. — Posthumes : la vie durant de la veuve et des héritiers de l'auteur. — Droit exclusif de traduction réservé pendant la durée de la première édition. — Obligation d'imprimer l'ouvrage en Belgique et d'en déposer trois exemplaires à l'administration communale. — *OEuvres artistiques*. — Publiées du vivant de l'auteur : sa vie durant et dix ans après sa mort. — Posthumes : dix ans à dater de la première publication. — *Représentations dramatiques et musicales*. — Exécutées du vivant de l'auteur : sa vie durant, et dix ans après sa mort. — *Droit international*. — Conventions avec l'Angleterre (12 août 1854), l'Espagne (30 avril 1859), la France (22 août 1852 et 1er mai 1861), les Pays-Bas (30 août 1858) et la Sardaigne (24 novembre 1859).

(Décrets des 19 juillet 1793 et 21 octobre 1830, arrêté du 23 septembre 1814, loi du 25 janvier 1817.)

BRÊME (Ville libre). — *OEuvres littéraires et artistiques*. — Publiées du vivant de l'auteur : sa vie durant et trente ans après sa mort. — OEuvres posthumes et anonymes ou pseudonymes : trente ans à dater de la première publication. — *Représentations dramatiques et musicales*. — Exécutées du vivant de l'auteur ou après sa mort : dix ans à dater de la première exécution, si l'œuvre représentée n'a pas été reproduite par l'impression. — Aucun droit de représentation pour les œuvres anonymes. — *Droit international*. — Conventions avec l'Allemagne (8 juin 1815 et 6 septembre 1832).

(Arrêtés de la Confédération Germanique.)

BRÉSIL. — *OEuvres littéraires et artistiques*. — Publiées du vivant de l'auteur : sa vie durant et dix ans

après sa mort. — Publiées par les sociétés ou corpora-
tions : dix années à dater de la première publication.

(Code criminel.)

BRUNSWICK (Duché). — *OEuvres littéraires et artistiques.* — Publiées du vivant de l'auteur : sa vie durant et
trente ans après sa mort. — OEuvres posthumes et anonymes ou pseudonymes : trente ans à dater de la première
publication. — Droit exclusif de traductions réservé à
l'auteur, à condition de les publier dans le délai de deux
ans. — Droit exclusif d'arrangement des airs musicaux
réservé à l'auteur. — *Représentations dramatiques et
musicales.* — Exécutées du vivant de l'auteur ou après
sa mort : dix ans à dater de la première exécution, si
l'œuvre représentée n'a pas été reproduite par l'impression. — Aucun droit de représentation pour les œuvres
anonymes. — *Droit international.* — Admission du
principe de réciprocité. — Conventions avec l'Allemagne
(8 juin 1815 et 6 septembre 1832), l'Angleterre (13 mai
1846 et 14 juin 1855) et la France (8 août 1852).

(Arrêtés de la Confédération Germanique ; loi du 10 février 1842.)

CHILI. — *OEuvres littéraires et artistiques.* — Publiées
du vivant de l'auteur : sa vie durant et cinq ans après
sa mort. — Posthumes : dix ans à dater de la première
publication. — Publiées au Chili par un étranger : dix
années à dater de la première publication. — Obligation
de déposer trois exemplaires à la bibliothèque de Santiago.
— Droit au gouvernement de prolonger ces termes. —
Représentations dramatiques et musicales. — Exécutées
du vivant de l'auteur : sa vie durant et cinq ans après sa
mort. — Posthumes : dix ans à dater de la première exécution. — Droit au gouvernement de prolonger la durée
de ces termes.

(Lois des 24 juillet 1834 et 9 septembre 1840.)

DANEMARK. — *OEuvres littéraires*. — Publiées du vivant de l'auteur : sa vie durant et trente ans après sa mort. — Posthumes et anonymes ou pseudonymes ou faites en collaboration : trente ans à dater de la première publication. — Droit d'auteur périmé, si l'ouvrage manque dans le commerce pendant cinq années. — *OEuvres artistiques*. — Publiées du vivant de l'auteur ou après sa mort : cinq ou dix ans à dater de la première publication, suivant l'importance de l'œuvre, à condition de faire annoncer son droit dans le journal officiel et de le mentionner sur l'œuvre même. — *Représentations dramatiques et musicales*. — Exécutées du vivant de l'auteur : sa vie durant et trente ans après sa mort. — Droit d'auteur périmé, si l'œuvre n'a pas été représentée dans le cours de cinq années. — *Droit international*. — Admission et proclamation du principe de réciprocité. — Dans les duchés de Holstein et de Lauenbourg, les conventions internationales de l'Allemagne (8 juin 1815 et 6 septembre 1832).

(Arrétés de la Confédération Germanique; lois des 13 décembre 1837 et 29 décembre 1857.)

ESPAGNE. — *OEuvres littéraires et artistiques.* — OEuvres originales, discours réunis en collection, traductions en vers d'œuvres originales en langues vivantes, etc., publiés du vivant de l'auteur : sa vie durant et cinquante ans après sa mort. — Discours, sermons et articles de journaux lorsqu'ils ne sont pas réunis en collection, publiés du vivant de l'auteur : sa vie durant et vingt-cinq ans après sa mort. — Traductions en prose d'œuvres originales en langues vivantes, publiées du vivant de l'auteur : sa vie durant et vingt-cinq ans après sa mort, mais sans privilége exclusif de traduction. — OEuvres anonymes et pseudonymes : la vie durant de l'éditeur et cinquante ou vingt-cinq ans après sa mort, suivant le genre des ouvrages, comme ci-dessus. — Travaux des sociétés savantes : cinquante ans à dater de la première publication. — Manuscrits inédits : vingt-cinq ans à dater de la première publication. — OEuvres posthumes : cinquante ou vingt-cinq ans, à dater de la première publication, suivant le genre des ouvrages. — Droit au gouvernement d'autoriser la publication d'abrégés ou d'extraits d'œuvres de propriété privée, pour cause d'utilité publique, moyennant indemnité. — Obligation du dépôt de deux exemplaires de chaque ouvrage. — Les auteurs espagnols jouissent de ces droits de propriété pour leurs œuvres publiées originairement en pays étrangers. — *Représentations dramatiques et musicales.* — Exécutées du vivant de l'auteur : sa vie durant et vingt-cinq ans après sa mort. — Posthumes : vingt-cinq ans à dater de la première exécution. — *Droit international.* — Admission du principe de réciprocité par conventions spéciales.—Conventions avec l'Angleterre (7 juillet 1857), la Belgique (30 avril 1859), la France (15 novembre 1853), le Portugal (5 août 1860) et la Sardaigne (9 février 1860).

(Loi du 10 juin 1847; arrêté du 1er mars 1856.)

ÉTATS-UNIS D'AMÉRIQUE.— *OEuvres littéraires, compositions musicales et gravures.* — Droit de vingt-huit ans à dater du dépôt et de l'enregistrement de chaque œuvre, obligatoires lors de leur publication ; porté à quarante-deux ans lorsque, après cette première période, l'auteur, sa veuve ou ses enfants sont encore vivants, mais sous condition d'un nouvel enregistrement. — *OEuvres artistiques.* — Droit de sept ans, à dater de l'obtention d'une patente spéciale. — Obligation du dépôt de chaque œuvre, lors de leur publication. — *Représentations dramatiques et musicales.* — Droit de vingt-huit ans à dater de la première exécution ; porté à quarante-deux ans lorsque, après cette première période, l'auteur, sa veuve ou ses enfants sont encore vivants.

(Actes des 3 février 1831, 30 juin 1834, 29 août 1842, 10 août 1846 et 18 août 1856.)

ÉTATS ROMAINS. — *Œuvres littéraires et artistiques.* — Publiées du vivant de l'auteur : sa vie durant et douze ans après sa mort.—Posthumes : la vie durant de l'éditeur et douze ans après sa mort.—Obligation d'un permis d'impression et d'un dépôt d'exemplaires. — *Droit international.* — Convention avec l'Autriche (22 mai 1840).

(Arrêté du 23 septembre 1826.)

FRANCFORT (VILLE LIBRE). — *Œuvres littéraires et artistiques.* — Publiées du vivant de l'auteur : sa vie durant et trente ans après sa mort. — Posthumes et anonymes ou pseudonymes : trente ans à dater de la première publication. — *Représentations dramatiques et musicales.* — Exécutées du vivant de l'auteur ou après sa mort : dix ans à dater de la première exécution, si l'œuvre représentée n'a pas été reproduite par l'impression. — Aucun droit de représentation pour les œuvres anonymes. — *Droit international.* — Conventions avec l'Allemagne (8 juin 1815 et 6 septembre 1832).

(Arrêtés de la Confédération Germanique.)

GRÈCE. — *Œuvres littéraires et artistiques.* — Droit de quinze ans, à dater de la première publication. — Droit au gouvernement d'accorder un plus long terme. — *Droit international.* — Admission du principe de réciprocité.

(Code pénal de 1833.)

HAMBOURG (VILLE LIBRE). — *Œuvres littéraires et artistiques.*—Publiées du vivant de l'auteur : sa vie durant et trente ans après sa mort. — Posthumes et anonymes ou pseudonymes : trente ans à dater de la première publication. — Obligation du dépôt d'un exemplaire des œuvres de littérature et d'art à la bibliothèque publique. — *Représentations dramatiques et musicales.* — Exécutées du vivant de l'auteur ou après sa mort : dix ans à dater de la première exécution, si l'œuvre représentée n'a pas été reproduite par l'impression. — Aucun droit de représentation pour les œuvres anonymes. — *Droit international.* — Conventions avec l'Allemagne (8 juin 1815 et 6 septembre 1832), l'Angleterre (16 août 1853) et la France (2 mai 1856).

> Arrêtés de la Confédération Germanique ; ordonnance du 25 novembre 1847.)

HANOVRE. — *OEuvres littéraires et artistiques.* — Publiées du vivant de l'auteur : sa vie durant et trente ans après sa mort. — Posthumes et anonymes ou pseudonymes : trente ans à dater de la première publication. — *Représentations dramatiques et musicales.* — Exécutées du vivant de l'auteur ou après sa mort : dix ans à dater de la première exécution, si l'œuvre représentée n'a pas été reproduite par l'impression. — Aucun droit de représentation pour les œuvres anonymes. — *Droit international.* — Conventions avec l'Allemagne (8 juin 1815 et 6 septembre 1832), l'Angleterre (4 août 1847) et la France (20 octobre 1851).

> (Arrêtés de la Confédération Germanique ; ordonnance du 20 mars 1778.)

HESSE-CASSEL (Électorat). — *OEuvres littéraires et artistiques.* — Publiées du vivant de l'auteur : sa vie durant et trente ans après sa mort. — Posthumes et anonymes ou pseudonymes : trente ans à dater de la première publication. — *Représentations dramatiques et musicales.* —

Exécutées du vivant de l'auteur ou après sa mort : dix ans à dater de la première exécution, si l'œuvre représentée n'a pas été reproduite par l'impression. — Aucun droit de représentation pour les œuvres anonymes. — *Droit international.* — Conventions avec l'Allemagne (8 juin 1815 et 6 septembre 1832) et la France (7 mai 1853).

(Arrêtés de la Confédération Germanique ; lois des 16 mai 1829 et 18 août 1841 ; ordonnance du 8 février 1855.)

HESSE-DARMSTADT (GRAND-DUCHÉ). — *OEuvres littéraires et artistiques.* — Publiées du vivant de l'auteur : sa vie durant et trente ans après sa mort. — Posthumes et anonymes ou pseudonymes : trente ans à dater de la première publication. — Droit exclusif de traductions réservé aux auteurs d'ouvrages écrits en langues savantes, à la condition de les publier dans un délai de deux ans. — Droit libre de réimprimer, après la mort de l'auteur, les ouvrages épuisés et non réimprimés dans un délai de trois ans. — *Représentations dramatiques et musicales.* — Exécutées du vivant de l'auteur ou après sa mort : dix ans à dater de la première exécution, si l'œuvre représentée n'a pas été reproduite par l'impression. — Aucun droit de représentation pour les œuvres anonymes. — *Droit international.* — Conventions avec l'Allemagne (8 juin 1815 et 6 septembre 1832) et la France (18 septembre 1852).

(Arrêtés de la Confédération Germanique ; loi du 23 septembre 1830.)

HESSE-HOMBOURG (LANDGRAVIAT). — *OEuvres littéraires et artistiques.* — Publiées du vivant de l'auteur : sa vie durant et trente ans après sa mort. — Posthumes et anonymes ou pseudonymes : trente ans à dater de la première publication. — *Représentations dramatiques et musicales.* — Exécutées du vivant de l'auteur ou après sa mort : dix ans à dater de la première exécution, si l'œuvre représentée n'a pas été reproduite par l'impression. — Aucun droit de représentation pour les œuvres anonymes.— *Droit international.* — Conventions avec l'Allemagne (8 juin 1815 et 6 septembre 1832) et la France (2 octobre 1852).

(Arrêtés de la Confédération Germanique.)

ITALIE (ANCIENS ÉTATS SARDES, ANCIEN ROYAUME DES DEUX-SICILES). — Législation différente pour la Sardaigne et les Deux-Siciles.

Législation de la Sardaigne. — *OEuvres littéraires et artistiques.* — Droit de quinze ans à dater de la première publication. — Obligation de la déclaration de propriété et d'un dépôt d'exemplaires. — *Droit international.* — Conventions avec l'Angleterre (30 novembre 1860), l'Autriche (22 mai 1840), la Belgique (24 novembre 1859), l'Espagne (9 février 1860), les États Romains (22 mai 1840), la France (28 août 1843, 22 avril 1846 et 15 novembre 1853) et le canton du Tessin (22 mai 1840).

(Code civil, code pénal, ordonnance du 28 février 1826.)

Législation des Deux-Siciles. — *OEuvres littéraires et artistiques.* — Publiées du vivant de l'auteur : sa vie durant et trente ans après sa mort. — Obligation du dépôt des œuvres imprimées à la bibliothèque royale et des œuvres musicales au conservatoire de musique. — *Représentations dramatiques et musicales.* — Ne peuvent être exécutées qu'avec l'autorisation des auteurs ou de leurs représentants.

(Décret du 5 février 1828.)

LIECHTENSTEIN (PRINCIPAUTÉ). — *OEuvres littéraires et artistiques.* — Publiées du vivant de l'auteur : sa vie durant et trente ans après sa mort. — Posthumes et anonymes ou pseudonymes : trente ans à dater de la première publication. — *Représentations dramatiques et musicales.* — Exécutées du vivant de l'auteur ou après sa mort : dix ans à dater de la première exécution, si l'œuvre représentée n'a pas été reproduite par l'impression. — Aucun droit de représentation pour les œuvres anonymes. — *Droit international.* — Convention avec l'Allemagne (8 juin 1815 et 6 septembre 1832).

(Arrêtés de la Confédération Germanique.)

LIPPE-DETMOLD (Principauté). — *Œuvres littéraires et artistiques.* — Publiées du vivant de l'auteur : sa vie durant et trente ans après sa mort. — Posthumes et anonymes ou pseudonymes : trente ans à dater de la première publication. — *Représentations dramatiques et musicales.* — Exécutées du vivant de l'auteur ou après sa mort : dix ans à dater de la première exécution, si l'œuvre représentée n'a pas été reproduite par l'impression. — Aucun droit de représentation pour les œuvres anonymes. — *Droit international.* — Convention avec l'Allemagne (8 juin 1815 et 6 septembre 1832).

(Arrêtés de la Confédération Germanique ; ordonnance du 18 décembre 1827.)

LUBECK (Ville libre). — *Œuvres littéraires et artistiques.* — Publiées du vivant de l'auteur : sa vie durant et trente ans après sa mort. — Posthumes et anonymes ou pseudonymes : trente ans à dater de la première publication. — Obligation d'un dépôt de deux exemplaires des œuvres littéraires à la Vette. — *Représentations dramatiques et musicales.* — Exécutées du vivant de l'auteur ou après sa mort : dix ans à dater de la première exécution, si l'œuvre représentée n'a pas été reproduite par l'impression. — Aucun droit de représentation pour les œuvres anonymes. — *Droit international.* — Convention avec l'Allemagne (8 juin 1815 et 6 septembre 1832).

(Arrêtés de la Confédération Germanique; ordonnance du 31 juillet 1841.)

MECKLENBOURG-SCHWERIN (Grand-Duché).—*OEuvres littéraires et artistiques.* — Publiées du vivant de l'auteur : sa vie durant et trente ans après sa mort. — Posthumes et anonymes ou pseudonymes : trente ans à dater de la première publication. — *Représentations dramatiques et musicales.* — Exécutées du vivant de l'auteur ou après sa mort : dix ans à dater de la première exécution, si l'œuvre représentée n'a pas été reproduite par l'impression. — Aucun droit de représentation pour les œuvres anonymes. — *Droit international.* — Convention avec l'Allemagne (8 juin 1815 et 6 septembre 1832).

(Arrêtés de la Confédération Germanique.)

MECKLENBOURG-STRÉLITZ (Grand-Duché). — *OEuvres littéraires et artistiques.* — Publiées du vivant de l'auteur : sa vie durant et trente ans après sa mort. — Posthumes et anonymes ou pseudonymes : trente ans à dater de la première publication. — *Représentations dramatiques et musicales.* — Exécutées du vivant de l'auteur ou après sa mort : dix ans à dater de la première exécution, si l'œuvre représentée n'a pas été reproduite par l'impression. — Aucun droit de représentation pour les œuvres anonymes. — *Droit international.* — Convention avec l'Allemagne (8 juin 1815 et 6 septembre 1832).

(Arrêtés de la Confédération Germanique.)

MEXIQUE. — *OEuvres littéraires.* — Publiées du vivant de l'auteur : sa vie durant et dix ans après sa mort.

— Posthumes : dix ans à dater de la première publication. — Sociétés savantes : quarante ans à dater de la première publication.

(Décret du 10 juin 1853.)

NASSAU (DUCHÉ). — *OEuvres littéraires et artistiques.* — Publiées du vivant de l'auteur : sa vie durant et trente ans après sa mort. — Posthumes et anonymes ou pseudonymes : trente ans à dater de la première publication. — Droit au gouvernement d'accorder des priviléges spéciaux aux auteurs et éditeurs étrangers. — *Représentations dramatiques et musicales.* — Exécutées du vivant de l'auteur ou après sa mort : dix ans à dater de la première exécution, si l'œuvre représentée n'a pas été reproduite par l'impression. — Aucun droit de représentation pour les œuvres anonymes. — *Droit international.* — Conventions avec l'Allemagne (8 juin 1815 et 6 septembre 1832) et la France (2 mars 1853).

(Arrêtés de la Confédération Germanique; ordonnance du 5 mai 1814.)

NOUVELLE-BRETAGNE (COLONIE ANGLAISE).— Aux termes du paragraphe XXIXe de l'acte des cinquième et sixième années du règne de Victoria, chapitre XLV, les lois qui régissent la propriété littéraire et artistique dans le royaume-uni de la Grande-Bretagne et d'Irlande sont applicables à toutes les parties des possessions britanniques; la législation de l'Angleterre relative à la propriété littéraire et artistique est ainsi applicable à tous les États de la Nouvelle-Bretagne. — Voir Angleterre.

OLDENBOURG (GRAND-DUCHÉ). — *OEuvres littéraires et artistiques.* — Publiées du vivant de l'auteur : sa vie durant et trente ans après sa mort. — Posthumes et anonymes ou pseudonymes : trente ans à dater de la première publication. — *Représentations dramatiques et musicales.* — Exécutées du vivant de l'auteur ou après sa mort : dix ans à dater de la première exécution, si l'œuvre représentée n'a pas été reproduite par l'impression. — Aucun droit de représentation pour les œuvres anonymes. — *Droit international.* — Conventions avec l'Allemagne (8 juin 1815 et 6 septembre 1832) et la France (1er juillet 1853).

(Arrêtés de la Confédération Germanique; code pénal de 1814.)

PAYS-BAS (HOLLANDE ET LUXEMBOURG). — *OEuvres littéraires et artistiques.* — Publiées du vivant de l'auteur : sa vie durant et vingt ans après sa mort. — Droit exclusif de traduction reconnu à l'auteur. — Obligation d'imprimer l'ouvrage dans les Pays-Bas et d'en déposer trois exemplaires à l'administration communale. — *Droit international.* — Conventions avec la Belgique (30 août 1858) et la France (29 mars 1855 et 15 mai 1860). — Dans le grand-duché de Luxembourg, les conventions internationales de l'Allemagne (8 juin 1815 et 6 septembre 1832).

(Loi du 25 janvier 1817; ordonnances des 2 juillet 1822 et 4 août 1829 ; arrêtés de la Confédération Germanique.)

PORTUGAL. — *OEuvres littéraires et artistiques.* — Publiées du vivant de l'auteur : sa vie durant et trente ans après sa mort. — Anonymes, pseudonymes et posthumes : trente ans à dater de la première publication. — Sociétés savantes : trente ans à dater de la première publication. — Obligation d'un dépôt d'exemplaires ou d'épreuves. — Aucun droit reconnu aux libelles diffamatoires et aux œuvres obscènes. — *Représentations dramatiques et musicales.* — Exécutées du vivant de l'auteur : sa vie durant et trente ans après sa mort, moyennant l'acquittement d'un droit fixe. — Posthumes : trente ans à dater de la première exécution. — A moins de stipulations contraires, chaque théâtre libre, après la mort de l'auteur, de représenter ses œuvres, moyennant l'acquittement d'un droit fixe.—Une rétribution est due au conservatoire royal pour la représentation des œuvres dramatiques traduites et de celles tombées dans le domaine public.—*Droit international.* — Admission du principe de réciprocité. — Conventions avec l'Espagne (5 août 1860) et la France (12 avril 1851).

(Loi du 8 juillet 1851.)

PRUSSE. — *OEuvres littéraires.* — Publiées du vivant de l'auteur : sa vie durant et trente ans après sa mort. — Posthumes : trente ans à dater de la première publication. — Anonymes et pseudonymes : quinze ans à dater de la première publication. — Sociétés savantes : trente ans à dater de la première publication. — Droit exclusif de traductions réservé à l'auteur, à condition de les publier dans le délai de deux ans. — *OEuvres artistiques.* — Publiées du vivant de l'auteur ou après sa mort : dix ans à dater de la première publication. — Obligation de l'enregistrement du droit de propriété au ministère de l'instruction publique. — *Représentations dramatiques et musicales.* — Exécutées du vivant de l'auteur : sa vie durant et dix ans après sa mort ; la réserve doit en être faite lors de la publication de l'œuvre représentée. — Posthumes : dix ans à dater de la mort de l'auteur ; la réserve doit en être faite lors de la publication. — Aucun droit de représentation pour les œuvres anonymes. — *Droit international.* — Admission du principe de réciprocité. — Convention avec l'Angleterre (13 mai 1846 et 14 juin 1855). — Dans les provinces faisant partie de la Confédération Germanique, les conventions internationales de l'Allemagne (8 juin 1815 et 6 septembre 1832).

(Lois des 11 juin 1837 et 20 février 1854; ordonnance du 5 juillet 1844 ; arrêtés de la Confédération Germanique.)

REUSS-GREITZ (PRINCIPAUTÉ), branche aînée. — *OEuvres littéraires et artistiques.*—Publiées du vivant de l'auteur : sa vie durant et trente ans après sa mort. — Posthumes et anonymes ou pseudonymes : trente ans à dater de la première publication. — *Représentations dramatiques et musicales.* — Exécutées du vivant de l'auteur ou après sa mort : dix ans à dater de la première exécution, si l'œuvre représentée n'a pas été reproduite par l'impression. — Aucun droit de représentation pour les œuvres anonymes. — *Droit international.* — Conventions avec l'Allemagne (8 juin 1815 et 6 septembre 1832), l'Angleterre (13 mai 1846 et 14 juin 1855) et la France (24 février 1853).

(Arrêtés de la Confédération Germanique.)

REUSS-SCHLEITZ (PRINCIPAUTÉ), branche cadette. — *OEuvres littéraires et artistiques.*—Publiées du vivant de l'auteur : sa vie durant et trente ans après sa mort. — Posthumes et anonymes ou pseudonymes : trente ans à dater de la première publication. — *Représentations dramatiques et musicales.* — Exécutées du vivant de l'auteur ou après sa mort : dix ans à dater de la première exécution, si l'œuvre représentée n'a pas été reproduite par l'impression. — Aucun droit de représentation pour les œuvres anonymes. — *Droit international.* — Admission du principe de réciprocité. — Conventions avec l'Allemagne (8 juin 1815 et 6 septembre 1832), l'Angleterre (13 mai 1846 et 14 juin 1855) et la France (30 mars 1853).

(Arrêtés de la Confédération Germanique ; ordonnances des 24 décembre 1827 et 6 juin 1845.)

RUSSIE. — *OEuvres littéraires.* — Publiées du vivant de l'auteur : sa vie durant et cinquante ans après sa mort. — Posthumes : cinquante ans à dater de la première publication. — Sociétés savantes : cinquante ans à dater de la première publication. — Droit exclusif de traduction réservé seulement aux ouvrages scientifiques, sous condition de faire paraître les traductions dans un délai de deux ans. — Liberté de reproduire une peinture par une sculpture, et réciproquement. — Obligation de faire enregistrer les œuvres artistiques. — Les auteurs russes jouissent de ces droits de propriété pour leurs œuvres publiées originairement en pays étrangers. — *Représentations dramatiques et musicales.* — Ne peuvent être exécutées que du consentement de l'auteur, moyennant mention de la réserve de ce droit. — *Droit international.* — Convention avec la France (6 avril 1861).

(Loi du 8/20 janvier 1830, code de 1857.)

SAXE ROYALE. — *OEuvres littéraires et artistiques.* — Publiées du vivant de l'auteur : sa vie durant et trente ans après sa mort. — Posthumes et anonymes ou pseudonymes : trente ans à dater de la première publication. — Obligation de l'enregistrement du droit d'éditeur.— Droit au gouvernement de prolonger la durée de ces termes dans des cas particuliers. — *Représentations dramatiques et musicales.* — Exécutées du vivant de l'auteur : sa vie durant et dix ans après sa mort, si l'œuvre représentée n'a pas été reproduite par l'impression. — Posthumes et anonymes ou pseudonymes : dix ans à dater de la première exécution, si l'œuvre représentée n'a pas été reproduite par l'impression. — *Droit international.* — Admission du principe de réciprocité. — Conventions avec l'Allemagne (8 juin 1815 et 6 septembre 1832), l'Angleterre (13 mai 1846 et 14 juin 1855) et la France (10 mai 1856).

(Lois des 22 février 1844, 27 juillet 1846 et 30 juillet 1855 ; arrêté du 27 février 1844 ; arrêtés de la Confédération Germanique.)

SAXE-ALTENBOURG (Duché). — *OEuvres littéraires et artistiques.* — Publiées du vivant de l'auteur : sa vie durant et trente ans après sa mort. — Posthumes et anonymes ou pseudonymes : trente ans à dater de la première publication. — Droit au gouvernement d'accorder des priviléges spéciaux aux auteurs et éditeurs étrangers. — *Représentations dramatiques et musicales.* — Exécutées du vivant de l'auteur ou après sa mort : dix ans à dater de la première exécution, si l'œuvre représentée n'a pas été reproduite par l'impression. — Aucun droit de représentation pour les œuvres anonymes. — *Droit international.*—Admission du principe de réciprocité.—Conventions avec l'Allemagne (8 juin 1815 et 6 septembre 1832) et l'Angleterre (13 mai 1846 et 14 juin 1855).

(Arrêtés de la Confédération Germanique; ordonnances des 1er décembre 1827 et 1er novembre 1843.)

SAXE-COBOURG-GOTHA (Duché). — *OEuvres littéraires et artistiques.* — Publiées du vivant de l'auteur : sa vie durant et trente ans après sa mort. — Posthumes et anonymes ou pseudonymes : trente ans à dater de la première publication. — *Représentations dramatiques et musicales.* — Exécutées du vivant de l'auteur ou après sa mort : dix ans à dater de la première exécution, si l'œuvre représentée n'a pas été reproduite par l'impression. — Aucun droit de représentation des œuvres anonymes. — *Droit international.* — Conventions avec l'Allemagne (8 juin 1815 et 6 septembre 1832) et l'Angleterre (13 mai 1846 et 14 juin 1855).

(Arrêtés de la Confédération Germanique; ordonnance du 18 septembre 1828.)

SAXE-MEININGEN (Duché). — *OEuvres littéraires et artistiques.* — Publiées du vivant de l'auteur : sa vie durant et trente ans après sa mort. — Posthumes et anonymes ou pseudonymes : trente ans à dater de la première publication. — Droit reconnu de contrefaire les œuvres étrangères. — *Représentations dramatiques et musicales.* — Exécutées du vivant de l'auteur ou après sa mort : dix ans à dater de la première exécution, si l'œuvre représentée n'a pas été reproduite par l'impression. — Aucun droit de représentation pour les œuvres anonymes. — *Droit international.* — Conventions avec l'Allemagne (8 juin 1815 et 6 septembre 1832) et l'Angleterre (13 mai 1846 et 14 juin 1855).

(Arrêtés de la Confédération Germanique; ordonnance du 7 ma 1829.)

SAXE-WEIMAR-EISENACH (Grand-Duché). — *OEuvres littéraires et artistiques.* — Publiées du vivant de l'auteur : sa vie durant et trente ans après sa mort. — Posthumes et anonymes ou pseudonymes : trente ans à dater de la première publication. — Sociétés savantes : trente ans à dater de la première publication. — Droit exclusif de traductions réservé à l'auteur, à condition de les publier dans le délai de deux ans. — Obligation d'une déclaration à la direction des beaux-arts pour la réserve du droit de reproduction des œuvres artistiques. — *Représentations dramatiques et musicales.* — Exécutées du vivant de l'auteur : sa vie durant et dix ans après sa mort, si l'œuvre représentée n'a pas été reproduite par l'impression. — Posthumes et anonymes ou pseudonymes : dix ans à dater de la première exécution, si l'œuvre représentée n'a pas été reproduite par l'impression. — *Droit international.* — Admission du principe de réciprocité. — Conventions avec l'Allemagne (8 juin 1815 et 6 septembre 1832), l'Angleterre (13 mai 1846 et 14 juin 1855) et la France (17 mai 1853).

(Arrêtés de la Confédération Germanique; loi du 11 janvier 1839.)

SCHAUMBOURG-LIPPE (Principauté). — *OEuvres littéraires et artistiques.* — Publiées du vivant de l'auteur :

sa vie durant et trente ans après sa mort. — Posthumes et anonymes ou pseudonymes : trente ans à dater de la première publication. — *Représentations dramatiques et musicales.* — Exécutées du vivant de l'auteur ou après sa mort : dix ans à dater de la première exécution, si l'œuvre représentée n'a pas été reproduite par l'impression. — Aucun droit de représentation pour les œuvres anonymes. — *Droit international.* — Convention avec l'Allemagne (8 juin 1815 et 6 septembre 1832).

(Arrêtés de la Confédération Germanique.)

SCHWARZBOURG-RUDOLSTADT (Principauté). — *Œuvres littéraires et artistiques.* — Publiées du vivant de l'auteur : sa vie durant et trente ans après sa mort.—Posthumes et anonymes ou pseudonymes : trente ans à dater de la première publication. — *Représentations dramatiques et musicales.*—Exécutées du vivant de l'auteur ou après sa mort : dix ans à dater de la première exécution, si l'œuvre représentée n'a pas été reproduite par l'impression. — Aucun droit de représentation pour les œuvres anonymes. — *Droit international.* — Conventions avec l'Allemagne (8 juin 1815 et 6 septembre 1832), l'Angleterre (13 mai 1846 et 14 juin 1855) et la France (16 décembre 1853).

(Arrêtés de la Confédération Germanique.)

SCHWARZBOURG - SONDERSHAUSEN (Principauté). — *Œuvres littéraires et artistiques.* — Publiées du vivant de l'auteur : sa vie durant et trente ans après sa mort. — Posthumes et anonymes ou pseudonymes : trente ans à dater de la première publication.— *Représentations dramatiques et musicales.*— Exécutées du vivant de l'auteur ou après sa mort : dix ans à dater de la première exécution, si l'œuvre représentée n'a pas été reproduite par l'impression.—Aucun droit de représentation pour les œuvres anonymes. — *Droit international*. — Conventions avec l'Allemagne (8 juin 1815 et 6 septembre 1832), l'Angleterre (13 mai 1846 et 14 juin 1855) et la France (7 décembre 1853).

(Arrêtés de la Confédération Germanique.)

SUÈDE ET NORWÉGE. — *OEuvres littéraires et artistiques*. — Droit assuré la vie durant de l'auteur et vingt ans après sa mort. — Droit pour chacun de reproduire les œuvres dont les représentants de l'auteur ne publient pas de nouvelles éditions. — *Droit international*. — Admission du principe de réciprocité.

(Constitution de 1844 ; lois des 16 juillet 1812 , 13 septembre 1828 et 12 octobre 1857.)

SUISSE (treize cantons et demi : Appenzell (Rhodes intérieures), Argovie, Bâle, Berne, Genève, Glaris, Grisons, Schaffhouse, Tessin, Thurgovie, Unterwald, Uri, Vaud, Zurich). — *OEuvres littéraires et artistiques*. — Publiées du vivant de l'auteur : sa vie durant, sans que la durée du droit puisse être moindre de trente ans. — OEuvres posthumes : trente ans à dater de la première publication, sous la condition de les publier dans les dix années qui suivent la mort de l'auteur. — Les auteurs suisses jouissent de ces droits de propriété pour leurs œuvres publiées originairement en pays étrangers, moyennant leur déclaration d'auteur et le dépôt d'un exemplaire. — *Droit international*. — Admission du principe de réciprocité par conventions spéciales.— Conventions du canton du Tessin avec l'Autriche (22 mai 1840) et du canton de Genève avec la France (23 novembre 1858).

(Acte fédéral du 3 décembre 1856, adopté seulement par les treize cantons et demi ci-dessus désignés.)

TURQUIE. — *OEuvres littéraires*. — Droit assuré la vie durant de l'auteur. — Droit au gouvernement de réim-

primer, moyennant indemnité, les ouvrages qui lui sem-
blent utiles.

(Firmans de mars et avril 1857.)

VÉNÉZUÉLA. — *OEuvres littéraires et artistiques.* —
Droit assuré la vie durant de l'auteur et quatorze ans
après sa mort. — Obligation du dépôt d'un exemplaire,
d'une déclaration de propriété et d'une demande de patente de privilége.

(Loi du 19 avril 1837.)

WALDECK (Principauté). — *OEuvres littéraires et artistiques.* — Publiées du vivant de l'auteur : sa vie durant et
trente ans après sa mort. — Posthumes et anonymes ou
pseudonymes : trente ans à dater de la première publication. — *Représentations dramatiques et musicales.* —
Exécutées du vivant de l'auteur ou après sa mort : dix ans
à dater de la première exécution, si l'œuvre représentée
n'a pas été reproduite par l'impression. — Aucun droit
de représentation pour les œuvres anonymes. — *Droit
international.* — Conventions avec l'Allemagne (8 juin
1815 et 6 septembre 1832) et la France (4 février 1854).

(Arrêtés de la Confédération Germanique.)

WURTEMBERG. — *OEuvres littéraires et artistiques.* —
Publiées du vivant de l'auteur : sa vie durant et trente ans
après sa mort. — Posthumes et anonymes ou pseudonymes : trente ans à dater de la première publication. —
Sociétés savantes : trente ans à dater de la première publication. — Droit au gouvernement d'accorder des priviléges temporaires aux auteurs et artistes étrangers. —
Représentations dramatiques et musicales. — Exécutées
du vivant de l'auteur ou après sa mort : dix ans à dater de
la première exécution, si l'œuvre représentée n'a pas été

reproduite par l'impression. — Aucun droit de représentation pour les œuvres anonymes.— *Droit international.* — Convention avec l'Allemagne (8 juin 1815 et 6 septembre 1832).

(Lois des 22 juillet 1836, 17 octobre 1838 et 24 août 1845 ; ordonnance du 25 février 1815 ; arrêtés des 19 octobre 1838 et 11 septembre 1845 ; arrêtés de la Confédération Germanique.)

I.

Œuvres littéraires publiées du vivant de l'auteur.

1° Système basé sur la vie de l'auteur.

La vie de l'auteur : La Suisse (avec minimum de 30 ans de jouissance), la Turquie.

5 ans après la mort de l'auteur : Le Chili.

7 ans — L'Angleterre (avec minimum de 42 ans de jouissance).

10 ans — Le Brésil, le Mexique.

12 ans — Les États romains.

14 ans — Le Vénézuela.

15 ans — La Sardaigne.

20 ans — La Belgique, les Pays-Bas, la Suède.

30 ans — L'Autriche, le Danemark, les Deux-Siciles, le Portugal, la Prusse, trente États allemands.

50 ans — L'Espagne (réduits à 25 ans pour certains ouvrages), la Russie.

2° Système basé sur la date de la première publication.

15 ans de la 1re publication : La Grèce.

28 ans — Les États-Unis (avec prolongation à 42 ans, en cas de survie de l'auteur, de la veuve ou des enfants).

30 ans — La Suisse (sans être moindre que la vie de l'auteur).

42 ans — L'Angleterre (sans être moindre de 7 ans après la mort de l'auteur).

II.

Œuvres littéraires posthumes.

1° Système basé sur la vie des héritiers ou de l'éditeur.

La vie de la veuve et des héritiers : La Belgique.
12 ans après la mort de l'éditeur : Les États romains.

2° Système basé sur la date de la publication.

10 ans de la 1ʳᵉ publication :　Le Chili, le Mexique.
30 ans　　　　—　　　　L'Autriche, le Danemark, le Portugal, la Prusse, la Suisse,
trente États allemands.
42 ans　　　　—　　　　L'Angleterre.
30 ans　　　　—　　　　L'Espagne (réduits à 25 ans pour
certains ouvrages), la Russie.

III.

Œuvres littéraires pseudonymes et anonymes.

1° Système basé sur la vie de l'éditeur.

50 ans après la mort de l'éditeur : L'Espagne (réduits à 25 ans pour
certains ouvrages).

2° Système basé sur la première publication.

15 ans de la 1ʳᵉ publication :　La Prusse.
30 ans　　　　—　　　　L'Autriche, le Danemark, le Portugal, trente États allemands.

IV.

Représentations dramatiques et musicales exécutées du vivant de l'auteur.

1° Système basé sur la vie de l'auteur.

5 ans après la mort de l'auteur : Le Chili.
7 ans — L'Angleterre (avec minimum de 42 ans de jouissance).
10 ans — L'Autriche (pour les œuvres non imprimées), la Belgique, la Prusse, la Saxe royale et la Saxe-Weimar (pour les œuvres non imprimées).
25 ans — L'Espagne.
50 ans — Le Danemark, le Portugal.

2° Système basé sur la date de la première représentation.

10 ans de la 1re représentation : Vingt-huit États allemands (pour les œuvres non imprimées).
28 ans — Les États-Unis (avec prolongation à 42 ans, en cas de survie de l'auteur, de la veuve ou des enfants).
42 ans — L'Angleterre (sans être moindre de 7 ans après la mort de l'auteur).

V.

Représentations dramatiques et musicales posthumes.

Système basé sur la date de la première représentation.

10 ans de la 1re représentation : L'Autriche (pour les œuvres non imprimées), le Chili, la Prusse, trente États allemands (pour les œuvres non imprimées).
25 ans — L'Espagne.
50 ans — Le Portugal.
42 ans — L'Angleterre.

DOCUMENTS DIVERS.

1.

Projet de loi sur les droits de propriété littéraire et artistique, présenté par M. de Salvandy, et voté par la Chambre des Pairs en 1839.

TITRE PREMIER.

Du droit des auteurs sur leurs écrits.

Art. 1er. Le droit exclusif de publier un ouvrage, ou d'en autoriser la publication par la typographie, la gravure, la lithographie, ou tout autre mode, est garanti à l'auteur pendant toute sa vie.

Art. 2. Après la mort de l'auteur, le droit exclusif de publier l'ouvrage ou d'en autoriser la publication subsistera pendant trente ans au profit de ses héritiers et autres ayants cause, ou du conjoint survivant; le tout conformément aux règles du droit civil.

Art. 3. Le propriétaire, par succession ou à tout autre titre, d'un ouvrage posthume jouira du droit exclusif de le publier, ou d'en autoriser la publication pendant trente ans, à compter de la première édition de cet ouvrage.

Art. 4. L'auteur pourra céder le droit exclusif de publier son ouvrage, soit pour le temps accordé par les articles précédents tant à lui qu'à ses représentants, soit pour un temps plus court. Dans ce dernier cas, ses représentants jouiront de ce droit pendant l'espace de temps non compris dans la cession qu'il aurait faite.

Art. 5. Le droit exclusif de l'État sur les ouvrages publiés par son ordre et à ses frais durera trente ans, à compter de l'entière publication de l'ouvrage.

Le droit des académies et autres corps savants ou littéraires sur les ouvrages publiés en leur nom et par leurs soins durera trente ans à compter de la publication du volume qui complétera l'ouvrage, et à compter de chaque volume pour les recueils de mémoires sur divers sujets ou d'écrits devant former collection.

Le droit garanti par les articles 1 et 2 aux auteurs et à leurs ayants cause ne sera exercé, à l'égard des ouvrages qu'ils auraient fournis aux académies, que conformément aux règlements particuliers desdites académies.

Le droit exclusif des académies sur les dictionnaires qu'elles auraient composés durera trente ans, à compter de la dernière rédaction publiée par elles.

ART. 6. L'éditeur d'un ouvrage anonyme ou pseudonyme jouira du droit exclusif de publication pendant trente ans à compter de la première édition de l'ouvrage.

Si, avant l'expiration de ce terme, l'auteur vient à se faire connaître, il rentrera dans les droits qui lui sont garantis par les articles 1 et 2 de la présente loi.

Si l'auteur est mort avant l'extinction du droit accordé à l'éditeur de l'ouvrage anonyme ou pseudonyme, et que ses héritiers se fassent connaître, ils ne jouiront de leurs droits que pendant le nombre d'années qui resteront à courir jusqu'à l'expiration du terme de trente ans accordé à l'éditeur.

ART. 7. Les droits spécifiés dans les articles 1, 2 et 4 sont garantis pour la publication des cours publics, opinions, sermons, plaidoyers ou autres discours prononcés publiquement, lesquels ne pourront être publiés isolément ou en corps d'ouvrage sans le consentement des auteurs ou de leurs ayants cause.

TITRE II.

Des ouvrages dramatiques.

ART. 8. Les ouvrages dramatiques des auteurs vivants ne pourront être représentés sur aucun théâtre sans le consentement de ces auteurs.

Les ouvrages dramatiques posthumes, ou sans nom d'auteur, ne pourront être représentés qu'avec l'autorisation de leurs propriétaires. Le droit de ces propriétaires durera trente ans à compter de la première représentation de l'ouvrage.

ART. 9. Après le décès de l'auteur, et à défaut de conventions faites, soit avec lui, soit avec ses représentants, toute entreprise théâtrale dûment autorisée pourra représenter sa pièce, à la charge de payer à ses héritiers et autres ayants cause une rétribution égale à celle que ce dernier percevait au moment de son décès. Le droit à cette perception durera trente ans, à compter de la mort de l'auteur.

ART. 10. Les droits de l'auteur et ceux de ses représentants pour l'impression des ouvrages dramatiques seront réglés conformément au titre premier de la présente loi.

TITRE III.

Du produit des arts du dessin.

Art. 11. Les auteurs de dessins, tableaux, cartes géographiques, topographiques et hydrographiques, plans et autres dessins d'architecture auront seuls le droit de les reproduire ou d'en autoriser la reproduction au moyen de la gravure, de la lithographie, de l'impression ou de toute autre manière.

Ce droit durera pendant toute la vie de l'auteur. Après son décès, ses héritiers et ayants cause en jouiront conformément aux règles établies dans le titre 1er de la présente loi.

Les droits spécifiés par les articles 1, 2 et 4 sont garantis, tant aux auteurs qu'à leurs héritiers, ayants cause, ou conjoint survivant, pour la reproduction des ouvrages de sculpture, soit par la gravure ou la lithographie, soit par la fonte ou le moulage, ou de toute autre manière, quelle que soit la dimension des copies ainsi obtenues.

Art. 12. Les auteurs des ouvrages mentionnés en l'article précédent, ou leurs représentants, pourront céder le droit qui leur est garanti, en conservant néanmoins la propriété de leur ouvrage ; mais, en cas de vente de l'ouvrage original, le droit exclusif d'en autoriser la reproduction par la gravure, le moulage, ou de toute autre manière, passe à l'acquéreur, à moins d'une stipulation contraire.

Art. 13. Il n'est rien innové quant à la propriété des dessins de fabriques, laquelle continuera à être régie par une législation particulière.

TITRE IV.

Des œuvres de musique.

Art. 14. Les auteurs d'ouvrages de musique, leurs héritiers, ayants cause ou conjoint survivant, jouiront, pour la publication de leurs œuvres par un mode quelconque de reproduction, des droits établis par le titre Ier de la présente loi.

Ils jouiront, pour celles de leurs œuvres qui seraient exécutées sur les théâtres ou dans les concerts publics, des droits établis par le titre II.

TITRE V.

Dispositions générales.

Art. 15. Dans le cas où les droits qui forment l'objet de la présente loi feraient partie d'une succession en déshérence, l'État ne

pourra les recueillir ; et la réimpression , publication , représentation ou reproduction , sera libre , sans préjudice du droit des
créanciers.

Art. 16. Les héritiers, ayants cause ou conjoint survivant des
auteurs dont le droit exclusif résultant des lois antérieures ne sera
pas épuisé au moment de la promulgation de la présente loi, jouiront des avantages qu'elle assure.

Art. 17. Le dépôt prescrit par l'article 14 de la loi du 21 octobre 1814 est fixé à cinq exemplaires, tant pour les écrits imprimés que pour les gravures, lithographies, cartes, œuvres de
musique et autres ouvrages dont la reproduction a lieu par les
procédés de la typographie, de la lithographie ou de la gravure.

L'un de ces exemplaires restera au ministère de l'intérieur. Deux
exemplaires seront remis à la bibliothèque royale, et il sera disposé des deux autres en faveur d'établissements publics, conformément à ce qui sera prescrit par un règlement d'administration
publique, qui déterminera en outre les conditions du dépôt, quant
à l'état des exemplaires, et fixera les cas où il pourrait être nécessaire, dans l'intérêt du commerce, de réduire à trois le nombre des
exemplaires déposés.

Le récépissé du dépôt, qui sera délivré conformément aux règlements, ou une copie certifiée de ce récépissé, formera titre à l'auteur ou à l'éditeur pour être admis en justice à poursuivre les contrefacteurs.

TITRE VI.

Dispositions pénales.

Art. 18. Quiconque aura, au préjudice des droits garantis par la
présente loi aux auteurs et à leurs représentants, publié, imprimé,
gravé ou reproduit en tout ou en partie, des écrits et ouvrages de
tout genre, dessins, peintures, sculptures, compositions musicales et autres productions de l'esprit ou des arts, déjà publiés ou
encore inédits, sera passible des peines appliquées au délit de contrefaçon.

Art. 19. Tout contrefacteur sera puni d'une amende de trois
cents francs à deux mille francs au profit de l'État, et condamné
en outre à payer au propriétaire des dommages et intérêts qui seront arbitrés par les tribunaux d'après le prix de vente de l'édition
originale.

S'il s'agit d'un ouvrage encore inédit, les dommages et intérêts
seront arbitrés d'après le prix de vente des ouvrages de même
nature.

En cas de récidive, l'amende sera de 600 francs à 4,000 francs ; et le contrefacteur pourra, en outre, être puni d'un emprisonnement qui n'excédera point une année.

Art. 20. Quiconque aura introduit sciemment sur le territoire français, ou vendu des exemplaires d'éditions contrefaites à l'étranger d'ouvrages publiés pour la première fois en France, sera puni des peines portées en l'article précédent.

Art. 21. Quiconque aura débité sciemment un ouvrage contrefait sera puni d'une amende de 50 francs à 1,000 francs, et condamné envers la partie civile à des dommages et intérêts qui seront arbitrés par les tribunaux, ainsi qu'il est porté en l'article 16.

En cas de récidive, l'amende sera de 100 francs à 2,000 francs, et le coupable pourra en outre être puni d'un emprisonnement qui n'excédera pas trois mois.

Art. 22. Dans les cas prévus par l'article précédent, les exemplaires contrefaits et les planches, moules et matrices seront confisqués.

La partie civile pourra demander que ces objets soient détruits en sa présence ou en celle de son fondé de pouvoirs, ou qu'ils lui soient attribués en déduction de son indemnité.

Art. 23. Les infractions aux dispositions des articles 8 et 9 de la présente loi seront passibles des peines portées en l'article 428 du code pénal.

Les articles 425, 426, 427 et 429 du même code sont abrogés.

Les tribunaux ne pourront appliquer aux matières réglées par la présente loi les dispositions de l'article 463 du code pénal.

Art. 24. Les infractions à la présente loi seront constatées d'office par le ministère public, par les officiers de police auxiliaires du procureur du roi, et en outre par les préposés aux douanes pour les objets venant de l'étranger ; le tout sans préjudice des poursuites exercées sur la demande de la partie civile.

Art. 25. Tous procès-verbaux de perquisition ou de saisie, faits d'office ou sur la plainte de la partie se prétendant lésée, devront, dans les vingt-quatre heures, être transmis au procureur du roi.

Art. 26. Tous les livres en langue française dont la propriété est établie à l'étranger, ou qui sont une édition étrangère d'ouvrages français tombés dans le domaine public, continueront de jouir du transit, et seront reçus à l'importation en acquittant les droits établis, et sous la condition de produire un certificat d'origine relatant le titre de l'ouvrage, le lieu et la date de l'impression, le nombre des volumes, lesquels devront être brochés ou reliés, et ne pourront être présentés en feuilles.

Les livres venant de l'étranger, en quelque langue qu'ils soient, ne pourront être présentés à l'importation ou au transit que dans les bureaux de douanes qui seront désignés par une ordonnance du roi.

Les livres non tombés dans le domaine public qui auraient été expédiés à l'étranger, et qu'il y aurait lieu de réimporter en France, seront dirigés à Paris ou au chef-lieu de département ou d'arrondissement indiqué par l'éditeur ou par le propriétaire, et ne lui seront délivrés, ou à son mandataire, qu'après la visite des agents désignés par l'administration.

Dans le cas où les livres présentés seraient soupçonnés de contrefaçon ou de condamnation prononcée par les tribunaux français, l'entrée en sera suspendue, et un exemplaire de chacun desdits ouvrages sera transmis, avec procès-verbal, au ministre de l'intérieur, pour, après vérification, être par qui de droit statué sur la saisie, s'il y a lieu.

Les dispositions contenues en cet article sont applicables à tous les autres ouvrages dont la reproduction a lieu par les procédés de la typographie, de la lithographie ou de la gravure.

<h2 style="text-align:center">2.</h2>

Projet de loi sur les droits de propriété littéraire et artistique, présenté par M. Villemain, voté par articles et rejeté au vote final par la Chambre des Députés en 1841.

TITRE PREMIER.

Du droit des auteurs sur leurs écrits.

Art. 1er. Le droit exclusif de publier un ouvrage ou d'en autoriser la publication par la lithographie, la gravure, la typographie ou tout autre mode, est garanti à l'auteur pendant toute sa vie.

Ce droit est également garanti à ses représentants pendant trente années, à partir du jour de son décès.

Art. 2. L'auteur pourra céder tout ou partie de son droit exclusif, non-seulement pour tout ou partie de la période de sa vie, mais encore pour tout ou partie de la période de trente ans qui s'écoulera après sa mort.

A défaut de convention expresse, la cession est présumée faite pour une édition seulement.

Pendant la vie de l'auteur, le droit exclusif ne sera saisissable que sur les cessionnaires et par leurs créanciers.

ART. 3. Après le décès de l'auteur, le droit exclusif, pour tout le temps dont il n'aura pas disposé, sera transmis, suivant les règles du droit civil, aux héritiers qu'il laissera au moment de l'ouverture de sa succession.

ART. 4. A moins de conventions matrimoniales contraires, le produit des publications et des cessions faites par le mari ou par la femme avec le consentement du mari entre seul en communauté.

Néanmoins, dans le cas de dissolution de mariage par le décès de l'auteur, la partie non cédée du droit exclusif sera portée dans l'actif de la communauté.

ART. 5. Le propriétaire par succession, ou à tout autre titre, d'un ouvrage posthume jouira du droit exclusif de le publier ou d'en autoriser la publication pendant trente ans, à compter de la première édition, toutefois à la charge d'imprimer séparément l'ouvrage posthume, et sans le joindre à une nouvelle édition des ouvrages déjà publiés et devenus propriété publique.

Ce droit sera transmissible aux héritiers ou ayants cause dudit propriétaire, dans les limites de la période de trente ans ci-dessus déterminée.

L'auteur conserve néanmoins son droit absolu de disposer de ses manuscrits par donation ou testament.

ART. 6. L'éditeur pour la première fois d'un ouvrage anonyme ou pseudonyme jouira du droit exclusif pendant trente ans, à compter du jour de la première publication.

Si, avant l'expiration de ce terme, l'auteur prouve sa qualité, il rentrera dans ses droits, qui lui sont garantis par la présente loi.

Si cette qualité est prouvée après la mort de l'auteur, et avant trente ans révolus, à partir de la première publication, les héritiers ou ayants cause de l'auteur ne jouiront du droit exclusif que jusqu'à l'accomplissement de ladite période de trente ans.

ART. 7. Tout ouvrage publié par ordre de l'État et à ses frais tombe immédiatement dans le domaine public. Toutefois, si l'État publie un ouvrage par l'entremise d'un éditeur, il peut lui céder le droit exclusif sur un ouvrage pour une période qui n'excédera pas dix ans.

Les actes officiels de l'autorité publique ne sont pas susceptibles du droit exclusif et appartiennent au domaine public après leur publication officielle.

Art. 8. Le droit des académies et autres corps savants sur les écrits publiés en leur nom et par leurs soins durera trente ans, à compter de la publication du dernier volume de l'ouvrage, et à compter de chaque volume pour les recueils de mémoires sur divers sujets ou d'écrits devant former collections.

Le droit exclusif des académies sur les dictionnaires composés par elles durera trente ans, à compter de la dernière rédaction qu'elles en auront publiée.

Art. 9. Les droits spécifiés dans les articles 1, 2, 3 et 4 sont garantis pour la publication des cours publics, sermons et autres discours prononcés publiquement, lesquels ne pourront être publiés isolément, ni en corps d'ouvrage, sans le consentement des auteurs ou de leurs représentants.

A l'égard des plaidoyers et des discours prononcés dans les deux Chambres, ce consentement ne sera nécessaire que pour leur publication en recueil d'auteur.

Art. 10. L'éditeur de dictionnaires et autres ouvrages collectifs entrepris au moyen de la collaboration de plusieurs auteurs jouira du droit exclusif fixé par les articles 1, 2, 3, 4 et 5, sauf la faculté réservée aux auteurs de chaque article, ou de chacune des parties, de les réimprimer séparément ou dans le recueil de leurs œuvres.

TITRE II.

Des ouvrages dramatiques.

Art. 11. Les ouvrages dramatiques des auteurs vivants ne pourront être représentés sur aucun théâtre sans le consentement de ces auteurs.

Art. 12. Après le décès de l'auteur, et à défaut de conventions contraires passées, soit avec lui, soit avec ses représentants, et dont copie sera déposée au ministère de l'intérieur, pour être communiquée à qui de droit, le droit de représenter son ouvrage appartiendra à toute entreprise théâtrale dûment autorisée.

Art. 13. Les ouvrages dramatiques posthumes, ou sans nom d'auteur, ne pourront être représentés qu'avec l'autorisation des personnes qui en seraient propriétaires par succession ou à tout autre titre.

Leur droit durera trente ans, à partir de la première publication.

Art. 14. En ce qui concerne l'impression des ouvrages dramatiques, les droits de l'auteur et ceux de ses représentants seront réglés conformément au titre Ier de la présente loi.

TITRE III.

Des œuvres de musique.

Art. 15. Les auteurs d'œuvres de musique, ou leurs représentants, jouiront, pour la publication de leurs œuvres par un mode quelconque de reproduction, du droit exclusif établi par le titre Ier de la présente loi. Ils jouiront, pour celles de leurs œuvres qui seraient exécutées sur les théâtres ou dans les concerts publics, des droits établis par le titre II.

TITRE IV.

Des produits des arts du dessin.

Art. 16. Les auteurs de dessins, tableaux, sculptures, médailles, cartes géographiques, topographiques et hydrographiques, plans et autres dessins d'architecture, d'un caractère non industriel, auront seuls le droit de les reproduire, ou d'en autoriser la reproduction, au moyen de la gravure, de la lithographie, de l'impression, du moulage ou de toute autre manière.

Ce droit est garanti tant auxdits auteurs qu'à leurs représentants, conformément aux règles établies dans le titre Ier de la présente loi.

Il n'est pas dérogé, par la présente loi, aux dispositions de la loi du 18 mars 1806, concernant les dessins de fabrique.

Les plans et cartes hydrographiques publiés par les soins et sous la garantie du dépôt de la marine ne pourront être reproduits sans l'autorisation du gouvernement.

Art. 17. Les auteurs des ouvrages d'art mentionnés dans l'article précédent pourront céder le droit exclusif de les reproduire ou d'en autoriser la reproduction, en conservant néanmoins eux-mêmes la propriété de l'ouvrage original.

TITRE V.

Dispositions générales.

Art. 18. L'étranger jouira en France de tous les droits ci-dessus spécifiés, pour les ouvrages dont la première publication sera faite dans le royaume.

Il pourra être accordé, par des conventions diplomatiques, aux auteurs d'ouvrages de littérature, de science et d'art publiés pour la première fois à l'étranger, tout ou partie des droits établis par la présente loi.

ART. 19. Dans le cas où les droits qui forment l'objet de la présente loi feraient partie d'une succession en déshérence, par suite de mort civile, une ordonnance royale pourra, s'ils ne sont pas dûment réclamés par des créanciers, les attribuer aux parents ou au conjoint de l'auteur, pour une durée qui n'excédera point trente ans, ou faire l'abandon desdits droits au domaine public.

ART. 20. Les auteurs, leurs héritiers ou donataires, dont le droit exclusif résultant des lois antérieures ne sera pas épuisé au moment de la promulgation de la présente loi, jouiront des avantages qu'elle assure, en ce qui concerne la publication, la reproduction et la représentation des ouvrages, pourvu qu'ils n'aient point aliéné en totalité le droit exclusif qui leur était garanti.

Si le droit exclusif a été aliéné en totalité à l'expiration du terme garanti au cessionnaire par la législation précédente, il tombera dans le domaine public.

ART. 21. Il sera déposé cinq exemplaires, tant pour les écrits imprimés que pour les gravures, lithographies, cartes, œuvres de musique, avec ou sans paroles, et autres ouvrages dont la reproduction a lieu par les procédés de la typographie, de la lithographie, de la gravure ou de toute autre manière.

Un de ces exemplaires restera au ministère de l'intérieur.

Deux exemplaires seront remis à la bibliothèque royale; et il sera disposé des deux autres en faveur d'établissements publics, conformément à ce qui sera prescrit par un règlement d'administration publique, qui déterminera, en outre, les conditions du dépôt, quant à l'état des exemplaires, et fixera le cas où il pourrait être nécessaire, dans l'intérêt du commerce, de réduire à trois le nombre des exemplaires déposés.

Le récépissé du dépôt, qui sera délivré conformément aux règlements, ou une copie certifiée de ce récépissé, formera titre à l'auteur ou à l'éditeur pour être admis en justice à poursuivre les contrefacteurs.

TITRE VI.

Dispositions pénales.

ART. 22. Quiconque, au préjudice des droits garantis par la présente loi aux auteurs et à leurs représentants, aura publié, imprimé, gravé ou reproduit, en tout ou en partie, des ouvrages et écrits de tout genre, dessins, peintures, sculptures, œuvres musicales et autres productions de l'esprit ou des arts, déjà publiés ou encore inédits, sera passible des peines appliquées au délit de contrefaçon.

Art. 23. Tout contrefacteur sera puni d'une amende de 300 francs à 2,000 francs, au profit de l'État, et condamné en outre à payer au propriétaire des dommages et intérêts qui seront arbitrés par les tribunaux, d'après le prix de vente de l'édition originale.

S'il s'agit d'un ouvrage encore inédit, les dommages et intérêts seront arbitrés d'après le prix de vente des ouvrages de même nature.

En cas de récidive, l'amende sera de 600 francs à 4,000 francs ; le contrefacteur sera, en outre, puni d'un emprisonnement qui n'excédera pas une année, et son brevet pourra lui être retiré.

Art. 24. Quiconque aura introduit sciemment sur le territoire français des exemplaires d'éditions contrefaites à l'étranger, d'ouvrages publiés pour la première fois en France, sera puni des peines portées en l'article précédent.

Art. 25. Quiconque aura débité sciemment un ouvrage contrefait sera puni d'une amende de 50 francs à 1,000 francs, et condamné envers la partie civile à des dommages et intérêts qui seront arbitrés par les tribunaux, ainsi qu'il est porté à l'article 18.

En cas de récidive, l'amende sera de 100 francs à 2,000 francs, et le délinquant sera, en outre, puni d'un emprisonnement qui n'excédera pas trois mois.

Art. 26. Dans les cas prévus par les articles précédents, les exemplaires contrefaits et les planches, moules et matrices, seront confisqués.

La partie civile pourra demander que ces objets soient détruits en sa présence ou en celle de son fondé de pouvoirs, ou qu'ils lui soient attribués en déduction de son indemnité.

Sera passible des peines portées par l'article 23 : 1° tout imprimeur qui tirera un nombre d'exemplaires supérieur à celui qui lui aura été commandé ; 2° tout éditeur qui fera tirer un nombre d'exemplaires supérieur au nombre porté dans la convention passée avec l'auteur.

Les dommages-intérêts seront arbitrés d'après le prix de vente des exemplaires tirés au delà du nombre.

Art. 27. Les infractions aux dispositions des articles 7, 8 et 9 de la présente loi seront punies des peines portées en l'article 428 du code pénal.

Les articles 425, 426, 427 et 429 du même code sont abrogés ;

i!s seront remplacés par les articles 19, 20, 21 et 22 de la présente loi.

Art. 28. Les infractions à la présente loi seront constatées par les officiers de police judiciaire, et, en outre, par les préposés aux douanes pour les objets venant de l'étranger ; elles seront poursuivies d'office par le ministère public, sans préjudice des poursuites exercées sur la demande de la partie lésée.

3.

Résolutions votées par le Congrès de la propriété littéraire et artistique tenu à Bruxelles en 1858.

1° Questions relatives à la reconnaissance internationale de la propriété littéraire et artistique.

1° Le principe de la reconnaissance internationale de la propriété des œuvres littéraires et artistiques, en faveur de leurs auteurs, doit prendre place dans la législation de tous les peuples civilisés.

2° Ce principe doit être admis de pays à pays, même en l'absence de réciprocité.

3° L'assimilation des auteurs étrangers aux auteurs nationaux doit être absolue et complète.

4° Il n'y a pas lieu d'astreindre les auteurs étrangers à des formalités particulières, afin qu'ils soient admis à invoquer et à poursuivre le droit de propriété. Il doit suffire, pour que ce droit leur appartienne, qu'ils aient rempli les formalités requises par la loi du pays où la publication originale a vu le jour.

5° Il est désirable que tous les pays adoptent, pour la propriété des ouvrages de littérature et d'art, une législation reposant sur des bases uniformes.

2° Questions relatives à la propriété des ouvrages de littérature et d'art en général.

1° Les auteurs d'œuvres de littérature et d'art doivent jouir, durant leur vie entière, du droit exclusif de publier et de reproduire leurs ouvrages, de les vendre, faire vendre ou distribuer et d'en céder en tout ou en partie la propriété ou le droit de reproduction.

Le conjoint survivant doit conserver les mêmes droits, également durant toute sa vie, et les héritiers ou ayants droit de l'auteur doivent en jouir pendant cinquante ans, à partir, soit du décès de l'auteur, soit de l'extinction des droits du conjoint.

2° Il n'y a pas lieu de distinguer, pour l'application de ces droits, entre les diverses catégories d'ouvrages de littérature et d'art, œuvres littéraires, compositions musicales, productions des arts du dessin.

Il n'y a pas de distinction à faire entre les œuvres pseudonymes et les œuvres signées du nom de l'auteur.

Il ne doit pas non plus être établi de distinction pour la durée des droits d'après la qualité des ayants cause, enfants, héritiers, donateurs ou concessionnaires.

3° La durée du droit du premier éditeur sur un ouvrage anonyme doit être de trente ans, à partir de la publication.

Si l'auteur se fait connaître avant l'expiration du terme légal, il doit rentrer dans les droits qui lui auraient appartenu si l'ouvrage avait paru dès l'origine sous son nom.

4° En ce qui concerne les œuvres posthumes, si les droits du conjoint de l'auteur et de ses héritiers ou ayants cause ne sont pas éteints, l'ouvrage posthume doit leur appartenir pendant une durée égale à celle qui leur est accordée par la loi.

Si ces droits sont éteints, le propriétaire d'un ouvrage posthume doit avoir un droit exclusif dont la durée doit être de trente ans, à partir de la publication.

5° Le droit exclusif de l'auteur doit être garanti pour la publication des cours publics, sermons et autres discours prononcés publiquement, lesquels ne peuvent être publiés isolément ni en corps d'ouvrage sans le consentement des auteurs ou de leurs représentants.

A l'égard des plaidoyers et des discours prononcés dans les assemblées politiques, ce consentement ne doit être nécessaire que pour leur publication en recueil d'auteur.

6° Le droit de l'auteur sur la reproduction de son œuvre originale doit emporter le droit de traduction, avec la restriction suivante :

L'auteur aura pendant dix ans, à partir de la publication de la traduction, le droit exclusif de traduire ou de faire traduire son œuvre dans toutes les langues, à la condition d'exercer ce droit avant l'expiration de la troisième année de la publication de l'œuvre originale.

Si à l'expiration de la troisième année l'auteur n'a pas fait usage de ce droit, chacun pourra l'exercer concurremment, excepté dans le pays d'origine.

Après l'expiration des dix années, quoique l'auteur ait usé de son droit, chacun pourra traduire l'œuvre originale et la vendre dans tous les pays, excepté dans le pays d'origine.

7° Il n'y a pas lieu d'astreindre les auteurs d'ouvrages de littérature ou d'art à certaines formalités, à raison de leur droit. Si des formalités particulières peuvent être utiles, soit comme mesure d'administration et d'ordre, soit comme moyen de constater et de prouver le droit de propriété ; s'il convient d'assurer l'accomplissement de ces formalités par une sanction quelconque, leur inobservation ne peut et ne doit jamais entraîner la déchéance du droit. Il importe de rendre ces formalités aussi simples que possible ; l'enregistrement et le dépôt d'un ou plusieurs exemplaires de l'ouvrage, entre les mains d'une autorité publique constituée à cet effet, paraissent le mode le plus avantageux.

3° Questions relatives à la représentation et à l'exécution des œuvres dramatiques ou musicales.

1° Le droit de représentation des œuvres dramatiques ou musicales doit être indépendant du droit exclusif de reproduction.

2° Il n'y a pas lieu de faire de distinction entre les deux droits pour la durée de la jouissance.

3° Le droit de propriété des compositions de musique doit mettre obstacle à l'exécution publique de toute partie de l'œuvre musicale sans le consentement de l'auteur, quelle que soit l'importance de l'ouvrage et quel que soit le mode d'exécution.

On ne peut invoquer le droit de l'auteur pour soumettre à des entraves les séances musicales, particulières ou publiques, où aucun but de spéculation ne se mêle à l'intérêt de l'art.

4° Le droit de propriété des compositions de musique doit comprendre le droit de faire des arrangements sur les motifs de l'œuvre originale.

4° Questions relatives aux arts du dessin.

1° L'auteur d'un dessin, d'un tableau, d'une œuvre de sculpture, d'architecture, ou de toute autre œuvre artistique, doit avoir seul le droit de la reproduire ou d'en autoriser la reproduction par un art semblable ou distinct et sur une échelle analogue ou différente.

2° Le reproducteur non autorisé doit être passible des peines du contrefacteur, lorsqu'il y a usurpation du nom, sans préjudice des peines contre le faux en écriture privée, si la contrefaçon descend jusqu'à l'imitation de la signature.

3° Le droit de propriété sur les créations des arts du dessin doit embrasser aussi les applications qui seraient faites de ces créations par l'industrie.

4° Des formalités particulières ne doivent pas être exigées pour les œuvres d'art, pas plus que pour les productions littéraires, comme condition absolue de l'acquisition et de la conservation de la propriété. Cependant, dans un cas comme dans l'autre, des formalités peuvent être désirables comme mesure d'ordre et pour faciliter l'exercice régulier du droit. Les ouvrages pourraient être enregistrés, et le certificat d'enregistrement qui serait délivré à l'artiste permettrait à celui-ci de faire reconnaître, entre ses mains et entre celles de ses cessionnaires, l'authenticité de l'œuvre, et, le cas échéant, celle des copies.

4.

Projet de loi sur les droits de propriété littéraire et artistique, présenté à la Chambre des Représentants de Belgique en 1859.

Art. 1er. Les droits garantis par la présente loi aux auteurs d'ouvrages de littérature ou d'art sont communs aux auteurs nationaux et étrangers.

Ils sont assurés à ces derniers pendant la durée de leurs droits dans le pays où la publication originale a eu lieu, pourvu que cette durée n'excède point celle qui est fixée par la présente loi.

Art. 2. Les auteurs d'ouvrages de littérature et d'art jouiront, pendant leur vie entière, du droit exclusif de publier et de reproduire leurs ouvrages.

Le conjoint survivant conservera les mêmes droits, également durant toute sa vie, et les héritiers ou ayants droit de l'auteur en jouiront pendant cinquante ans, à partir, soit du décès de l'auteur, soit de l'extinction des droits du conjoint.

Art. 3. L'auteur pourra céder le droit exclusif de publier son ouvrage, soit pour le temps accordé par l'article précédent, tant à lui qu'à ses représentants, soit pour un temps plus court.

Dans ce dernier cas, ses représentants jouiront de ce droit pendant l'espace de temps non compris dans la cession qu'il aurait faite.

Art. 4. Le droit de l'auteur sur la reproduction de son œuvre originale, publiée pour la première fois en Belgique, emporte le droit exclusif de traduction pendant la même durée.

Pour les ouvrages dont la publication a lieu d'abord à l'étranger, l'auteur aura le droit exclusif de traduire ou de faire traduire son œuvre dans toutes les langues pendant dix années à partir de la publication de la traduction, à la condition qu'il exercera ce droit avant l'expiration de la troisième année de la publication de l'œuvre originale.

Art. 5. Le conjoint de l'auteur ou ses héritiers qui publieront un ouvrage posthume jouiront du droit exclusif de publication pendant le terme qui est établi en leur faveur par l'article 2.

Si leurs droits sont éteints, le propriétaire d'un ouvrage posthume jouira du droit exclusif de le publier pendant un terme de trente années, à partir de la première édition de l'ouvrage.

Art. 6. L'éditeur d'un ouvrage anonyme jouira du droit exclusif de publication pendant trente ans, à compter de la première édition de l'ouvrage.

Si l'auteur d'un ouvrage anonyme vient à se faire connaître, il rentrera dans les droits qui lui sont garantis par l'article 2.

Si, avant l'expiration du terme fixé à l'article 2, les héritiers de l'auteur d'un ouvrage anonyme le font connaître et justifient de leur qualité, ils reprendront l'exercice de leurs droits pendant le nombre d'années qui resteront à courir jusqu'à l'expiration du terme établi par ledit article.

Art. 7. En cas de prédécès, sans héritiers, du copropriétaire d'un ouvrage publié en collaboration, le droit sera partiellement éteint, si le droit des copropriétaires est divisible, et s'il est possible d'assigner une part distincte à chacun d'eux.

Si le droit est indivisible, et si celui qui décède ne laisse point d'héritiers, le droit est conservé tout entier au profit des copropriétaires survivants.

Art. 8. L'éditeur de dictionnaires et autres ouvrages collectifs entrepris au moyen de la collaboration de plusieurs auteurs jouira du droit exclusif fixé par l'article 2, sauf la faculté réservée aux auteurs de chaque article, ou de chacune des parties, de les réimprimer séparément ou dans le recueil de leurs œuvres.

Art. 9. Le droit exclusif de l'auteur est garanti pour la publication des cours publics, sermons et autres discours prononcés publiquement, lesquels ne peuvent être publiés isolément ni en corps d'ouvrage sans le consentement des auteurs ou de leurs représentants.

A l'égard des plaidoyers et des discours prononcés dans les assemblées politiques, ce consentement n'est nécessaire que pour leur publication en recueil d'auteur.

ART. 10. Les lettres particulières ne peuvent être publiées qu'avec le consentement des correspondants ou de leurs héritiers.

Toutefois l'assentiment des héritiers ne sera plus nécessaire après un terme de dix années à partir du décès du correspondant ou des correspondants qu'ils représentent.

ART. 11. La reproduction d'articles ou d'extraits quelconques d'un journal est permise dans un autre journal, pourvu que la source en soit indiquée et que cette reproduction ne dépasse pas les bornes d'un emprunt loyal.

ART. 12. Tout ouvrage acquis par l'État tombe dans le domaine public immédiatement après sa publication, sauf les droits que l'auteur se serait réservés par une convention particulière.

Les actes officiels de l'autorité ne sont pas susceptibles d'un droit exclusif, et appartiennent au domaine public après leur publication.

ART. 13. Les écrits publiés par les académies ou corps savants légalement constitués tombent également dans le domaine public, sauf le droit des auteurs à la propriété séparée de leurs œuvres.

ART. 14. A chaque édition qui est faite en Belgique d'un ouvrage de littérature ou d'art dont la publication a lieu par voie d'impression ou par tout autre procédé analogue, l'éditeur est tenu, dans le terme de trois mois, d'en déposer deux exemplaires à l'administration communale du lieu de son domicile ; ces exemplaires sont transmis au ministère de l'intérieur.

L'omission du dépôt sera punie d'une amende de simple police prononcée à charge de l'éditeur, qui sera en même temps condamné à fournir, dans la quinzaine, les deux exemplaires qu'il avait négligé de déposer, sous peine d'une amende double de leur prix de vente.

ART. 15. Le droit de représentation des œuvres dramatiques ou musicales est indépendant du droit exclusif de reproduction ; il a la même durée.

ART. 16. Si une œuvre dramatique ou musicale est le produit du travail de plusieurs collaborateurs, chacun a le droit d'en permettre la représentation, à moins de stipulations contraires.

ART. 17. Est considérée comme portant atteinte aux droits de l'auteur d'une composition musica'e, toute exécution publique, même partielle, de son œuvre faite sans autorisation, quel que soit le mode d'exécution.

Toutefois, cette disposition n'est point applicable aux séances musicales particulières ou publiques où aucune rétribution n'est perçue des auditeurs, ni à celles qui sont organisées dans un but de bienfaisance.

Art. 18. Après le décès de l'auteur, le droit de représenter son ouvrage appartiendra à toute entreprise théâtrale, à charge de payer à sa veuve ou à ses héritiers une indemnité à déterminer par les intéressés, et, à défaut d'accord entre eux, par les tribunaux.

Art. 19. La durée du droit, en ce qui concerne la représentation des ouvrages dramatiques posthumes et anonymes est fixée par les règles établies aux articles 5 et 6.

Art. 20. Le droit de propriété des compositions musicales comprend le droit exclusif de faire des arrangements sur les motifs de l'œuvre originale.

Art. 21. L'auteur d'un dessin, d'un tableau, d'une œuvre de sculpture, d'une œuvre d'architecture ou de toute autre œuvre d'art, a seul le droit de la reproduire ou d'en autoriser la reproduction par un art ou un procédé semblable ou distinct, et sur une échelle analogue ou différente.

Art. 22. La cession d'une œuvre d'art faite sans aucune réserve n'emporte point, pour l'acquéreur, le droit de la reproduire.

Toutefois, à moins de stipulation contraire, l'artiste cédant est dessaisi du droit de reproduire ou de faire reproduire l'œuvre par un art similaire, sans que ce droit passe au cessionnaire.

Art. 23. La reproduction des objets d'art acquis par l'État est libre, sauf les stipulations contraires qui seraient intervenues entre l'artiste et le gouvernement.

Art. 24. L'auteur de toute œuvre appartenant aux beaux-arts, qui en aura fait ou autorisé l'application à l'industrie, sera soumis, pour cette application, aux lois qui régissent la propriété des dessins et modèles de fabrique.

Art. 25. Dans le cas où les droits qui forment l'objet de la présente loi feraient partie d'une succession en déshérence, l'État ne pourra les recueillir, et la réimpression, publication ou représentation seront libres, sans préjudice du droit des créanciers.

Art. 26. Les auteurs, leurs héritiers ou ayants cause, dont le droit exclusif résultant des lois antérieures ne sera pas épuisé au moment de la promulgation de la présente loi, jouiront des avantages qu'elle assure.

ART. 27. La présente loi ne porte aucune atteinte aux conventions conclues sous l'empire des lois antérieures.

En cas de cession, les auteurs ou leurs ayants cause qui auraient cédé leurs droits en reprendront la jouissance à l'expiration de la durée que ces lois accordent pour le droit exclusif, à moins de conventions contraires.

Dispositions pénales.

ART. 28. Quiconque aura, au préjudice des droits garantis par les dispositions qui précèdent, publié, imprimé, gravé ou reproduit, en tout ou en partie, des écrits et ouvrages de tout genre, dessins, peintures, sculptures, gravures, compositions musicales et autres productions de l'esprit ou des arts, se rendra coupable du délit de contrefaçon.

Ceux qui, avec connaissance, annoncent, débitent ou exposent en vente des ouvrages contrefaits, ou qui les introduisent sur le territoire belge, se rendent coupables du même délit.

ART. 29. L'usurpation du nom de l'artiste sur une œuvre d'art est une contrefaçon.

Celui qui se livrera à l'imitation frauduleuse de la signature de l'artiste, ou de tout autre signe distinctif adopté par lui, sera puni des peines du faux en écriture privée.

ART. 30. La peine contre le contrefacteur ou contre l'introducteur sera une amende de cinquante francs à deux mille francs, et contre le débitant ou l'exposant, une amende de vingt-six francs à cinq cents francs.

La confiscation de l'édition ou des objets contrefaits sera prononcée tant contre le contrefacteur que contre l'introducteur et le débitant ou exposant.

Les planches, moules ou matrices des objets contrefaits seront également confisqués.

ART. 31. Quiconque aura fait représenter ou exécuter des ouvrages dramatiques ou des compositions musicales au mépris des droits de l'auteur sera puni d'une amende de cinquante francs à cinq cents francs et de la confiscation des recettes.

ART. 32. Dans les cas prévus par les articles précédents, le produit des confiscations ou les recettes confisquées seront remis au propriétaire ou à ses représentants, pour les indemniser d'au-

tant du préjudice qu'ils auront souffert : le surplus de leur indemnité , ou l'entière indemnité s'il n'y a eu ni vente d'objets
confisqués ni saisie de recettes, sera fixé suivant les règles ordinaires.

ART. 33. Les infractions à la présente loi seront constatées d'office par le ministère public, par les officiers de police auxiliaires
du procureur du roi, et, en outre, par les préposés aux douanes
pour les objets venant de l'étranger ; le tout sans préjudice des
poursuites exercées sur la plainte de la partie civile.

TABLE DES MATIÈRES.

FIN.

TABLE ANALYTIQUE

DE LA LÉGISLATION FRANÇAISE.

FIN.